공부법 바이블
공 부 머 리
공 부 법

북즐 공부법 시리즈 01

공부법 바이블
공 부 머 리
공 부 법

양영철 지음

북즐 공부법 시리즈 01

공부법 바이블

공부머리 공부법

펴 낸 날   초판 1쇄 2019년 7월 25일

지 은 이   양영철
펴 낸 곳   투데이북스
펴 낸 이   이시우
교정·교열   이소연
편집 디자인   박정호
출판등록   2011년 3월 17일 제307-2013-64호
주   소   서울특별시 성북구 아리랑로 19길 86, 상가동 104호
대표전화   070-7136-5700   팩 스 02) 6937-1860
홈페이지   http://www.todaybooks.co.kr
페이스북   http://www.facebook.com/todaybooks
전자우편   ec114@hanmail.net

ISBN 978-89-98192-79-2 03370

© 양영철

이 도서의 국립중앙도서관 출판예정도서목록(CIP)은 서지정보유통지원시스템
홈페이지(http://seoji.nl.go.kr)와 국가자료종합목록시스템(http://www.nl.go.
kr/kolisnet)에서 이용하실 수 있습니다.(CIP제어번호: CIP2019024048)

북 줄
공부법
시리즈

01

공부법 바이블

공부머리 공부법

양영철 지음

투데이북스
TodayBooks

머리말

두 사람이 있었다. 똑같이 공부를 못하다가 어느 날 마음의 결단을 내리고 공부를 시작하기로 결심했다. 한 사람은 공부법 같은 것은 아랑곳하지 않고 그저 자신이 생각한 방식으로 3년을 공부했다. 다른 한 사람은 1~2달 스스로 공부를 하다가 이런 생각을 했다. "같은 시간을 공부해도 더 효율적으로 하는 공부 방법이 분명 있을 것 같은데?" 자신의 공부 효율에 대한 의문을 품고 다양한 공부 방법을 찾기 시작했다. 그리고 얼마 지나지 않아 자신에게 딱 맞는 공부법 몇 가지를 익히고 3년 동안 공부했다. 두 사람이 똑같은 시간을 공부했다고 하면 누가 더 나은 성적을 거두었을까? 물론 효율적인 공부법을 익히고 공부한 학생의 성적이 월등히 좋았다.

이 책은 공부법의 바이블이라 불릴 만큼 학생들이 공부를 하면서 만나게 되는 거의 모든 공부 방법에 대해 총망라해서 기술하고 있다. 또한 선배들과 공부 고수들의 공부법들을 하나하나 꼼꼼히 설명하고 있으며 학생들이 따라 하면 바로 배울 수 있도록 설명하고 있다. 특히,

공부를 처음 시작하는 학생들을 위해 '하면 된다'는 자신감을 가질 수 있도록 꼴찌에서 공부로 인생 역전한 다양한 선배들의 사례를 실었다.

　누구나 마음을 다잡고 공부를 시작하면 잘할 수 있다. 하지만, 많은 학생들이 그런 사례들을 경험해보지 못해 의심을 하기 때문에 시작도 하기 전에 포기해버리는 경우가 허다하다. 안타까울 뿐이다. 무슨 일이든 간에 처음에는 다 어렵다. 공부도 마찬가지겠지만, 모든 것이 마침내 쉬워질 때까지는 다 어려운 법이다. 에머슨은 "모든 예술가는 누구나 처음에 아마추어였다."라고 말한다. 처음부터 잘하는 사람은 없다. 공부도 똑같은 이론이 적용된다. 그러니 이제 막 공부 결단을 내린 사람이라면, 한발 한발 욕심내지 말고 천천히 나아가면 된다.

　꿈은 크게 가지되 욕심은 버리자. 공부를 전혀 안 하던 사람이 다음 중간고사에서 1등을 기대하는 건 현실에 맞지 않은 욕심이다. 공부에는 빈익빈 부익부라는 눈덩이 효과가 있다. 이미 공부를 잘하는 사람은 큰 눈덩이를 가지고 있기 때문에 한 번만 굴려도 쉽게 훨씬 더 큰 눈덩이를 만드는 반면에, 처음 공부하는 사람은 자신이 가진 눈덩이가 겨우 주먹 만하기 때문에 남들보다 훨씬 더 많이 굴려야 남들과 비슷한 눈덩이를 만들 수 있다. 그러나 포기만 하지 않으면 누구나 다 공부로 성공할 수 있다. 이 책 ≪공부머리 공부법≫이 여러분을 도울 것이다. 제대로 된 공부법, 같은 시간을 공부해도 효율이 나는 공부법, 공부를 하면 할수록 흥미를 느낄 수 있게 만드는 공부법 들이 이 책에 실려 있다.

청소년 시절은 일생에 단 한번이다. 집중적으로 공부해야 하는 시기는 짧게는 고등학교 3년, 길게는 중·고등학교 6년 정도가 고작이다. 100세 인생으로 보면 겨우 3~6% 일뿐이다. 인생에서 3~6%의 시간을 투자해서 나머지 90% 이상의 인생을 남들보다 더 멋지고 행복하게 꾸려갈 수 있다면 이는 분명 투자할만한 가치가 있는 도전이다. 한번 지나간 중·고등학교 시절은 다시 돌아오지 않는다. 이 시기를 놓쳐버린 선배들은 다시 옛날로 돌아가면 정말로 열심히 공부해보겠다고 말하지만 이미 떠나버린 버스요, 엎질러진 물이다. 이 시간은 더 이상 돌이킬 수 없다. 그러니 인생의 가장 소중한 출발점인 중·고등학교의 청소년 시기를 공부법을 몰라 우왕좌왕 임상실험만 하다가 끝내기에는 너무 아쉽다. 시행착오를 최대한 줄이기 위해서라도 검증된 공부법을 배울 가치는 충분하다. 《공부머리 공부법》이 독자 여러분들의 낭비 없는 공부 효율을 만들어줄 것이다.

2019년 7월
저자 양영철

PART 1
꿈을 품은 꼴찌, 1등을 향해 날다

PART 2
학습의 원리를 알면 공부가 쉬워진다

PART 3
상위권 도약을 위한 궁극의 공부법

PART 4
공부 효율을 높이는 생활 습관

PART 5
상위권 학생들의 공부법

꿈을 품은 꼴찌, 1등을 향해 날다

꿈을 꾸어라!
꿈은 이루어진다

어리석음이란 계속해서 같은 일을 반복하면서도
다른 결과를 기대하는 것이다.
– 아인슈타인

꼴찌 소녀,
꿈을 향해 공부를 결심하다

중3 때 133명 중에 130등, 그녀의 꿈은 배우였다. 오로지 배우를 꿈꾸며 연기만 잘하면 된다는 생각으로 공부에는 관심조차 두지 않았다. 그러나 고등학교 연극영화과에 지원서를 냈는데 떨어지고 말았다. 이유는 성적 때문이었다. 충격이었다. 오기가 발동했다. 공부가 자신의 꿈을 막아 서자 오히려 공부를 하기로 결심했다. 그때가 중학교 3학년 겨울방학이었다. 그리고 1년 만인 고등학교 1학년 2학기에 성적을 1등급까지 끌어올렸다. EBS 〈공부의 달인〉에 출현한 임가희 양의 이야기다.

그녀는 남들보다 공부를 늦게 시작했기 때문에, 남들보다 공부를 더 해야 한다고 생각했다. 잠은 하루에 3~4시간 정도만 자고, 새벽 5시에 일어나 공부를 했다. 공부를 시작한 지 1년 만에 생활태도가 완전히 바뀌었고, 공부습관 역시 완전히 자리 잡았다. **그녀의 성적과 생활태도의 변화는 친구들의 롤모델이 되었다.** 그리고 공부를 포기했던 친구들에게 '나도 할 수 있다'는 동기를 심어주었다.

수학, 5만 개 문제 풀이로 기초를 완전히 소화

수학은 덧셈 뺄셈 같은 가장 기초적인 연산 능력조차 부족해, 일단 쉬운 문제부터 하루에 300~400개씩 풀었다. 한 달이 지나자 문제 푸는 공식과 방법들이 보이기 시작했다. 그 후에는 계산력보다 응용력을 키울 수 있게 한 문제를 여러 방식으로 풀었다. 어려운 문제와 틀린 문제는 쓰고 지우기를 반복하며 답이 나올 때까지 풀었다. 중 3 겨울방학부터 1학년 1학기까지 그녀가 푼 문제만 5만 개에 달했다. 이런 방식으로 그녀는 수학의 기초를 짧은 시간에 완전히 소화해버렸다.

자투리 시간 활용

쉬는 시간에는 놀지 않고 방금 배운 수업 내용을 복습한다. 점심시간 줄을 서서 기다리는 짧은 시간에도 영어 단어를 외운다. 밥을 먹으면서도 영어 단어장을 손에서 놓지 않는다. 다른 학생에 비해 늦게 시작한 공부를 따라잡기 위해 한시도 쉬지 않고 자투리 시간을 최대한 활용한다.

전교 300등, 서울대의 꿈을 이루다

고등학교 1학년 기말고사 성적 전교 300등! 아무도 그가 서울대를 가리라고 예상하지 못했지만 그는 정확히 4년 후 서울대 합격이라는 기적을 이뤄냈다. EBS 〈공부의 왕도〉에 출현한 김홍렬 군의 이야기다.

그는 틈만 나면 노래방에 가고 특공무술에 빠져 공부와는 담을 쌓고 지냈다. 공부와 멀어지니 성적은 당연히 자유 낙하했다. 고1 기말고사 전교 300등, 모의고사 500점 만점에 180점. 꼴찌나 다름없는 성적표였다. 그런데 그를 놀라게 한 건 다름 아닌 그의 친구들이었다. 그보다 한참 뒤처져 있던 친구들은 성적이 올라 기뻐하고 있었던 것이다. 그는 자신의 초라한 모습 때문에 괴로웠다. 그는 변화를 모색하기로 결단했다. 공부에 미쳐 보기로 한 것이다. 기왕 공부하겠다고 결심했으니 누구에게도 뒤처지지 않도록 독하게 하겠다고 결심했다.

그는 자신의 한계를 뛰어넘어 서울대를 목표로 잡았다. 너무나도 무모한 목표였지만 자신의 한계까지 최선을 다해 도전해 보기로 했다. 공부법을 제대로 몰랐던 그는 무작정 1등 하는 친구를 따라 해보기로 했다. 1등 하는 친구와 똑같은 문제집을 사고, 잠을 자면 똑같이 잠을 자며 일거수일투족을 그대로 따라 했다. 1등의 좋은 습관을 자기 것으로 만들자는 전략을 추구한 것이다. 그렇게 한 학기를 따라다니자 한 가지 중요한 사실을 깨달았다. 공부를 잘하는 친구에게 특별한 비법이 있는 게 아니었던 것이다. 다만 공부시간과 집중력이 남들과 월등히 차이가 났다. 오직 노력만이 1등을 만든다는 사실을 알아낸 그는 다른 친구들보다 몇 배의 노력을 쏟아부었다.

하지만 처음에는 공부습관을 들이기가 쉽지 않았다. 30분도 앉아 있기 힘들었고 집중도 되지 않았다. 고민 끝에 그는 무슨 일이 있어도 의자에서 엉덩이를 떼지 않기로 결심했다. 졸음이 오면 자신이 좋아하는 과목을 공부하면서 쉴 새 없이 손을 움직였다. 그러다 보면 어느새 졸음이 달아나고 공부를 열심히 하고 있다는 뿌듯한 느낌이 들었다.

처음에는 6시간씩 책상 앞에 앉아 있어도 집중하는 시간은 고작 1~2시간이었는데, 고3 때에는 하루에 15시간씩 공부해도 끄떡없었다. 이런 노력은 그를 배반하지 않았다. 300등이었던 성적이 고3 때에는 전교 7등까지 오르는 성과를 올렸다. 하지만 서울대는 결코 쉽지 않은 도전 과제였다. 목표한 서울대에 입학하기 위해 그는 삼수를 마다하지 않았다. 삼수 끝에 모의고사 482점, 전국 60등까지 성적을 끌어올렸다. 그리고 서울대에 합격했다. 그는 결국 목표를 이룬 자신이 자랑스럽다고 말한다.

단어 암기, 누적 학습법으로 반복하라

단어 공부의 핵심은 반복이다. 반복만이 기억 속에 오래 남길 수 있는 효과적인 학습법이다. 그는 누적 반복으로 단어를 외웠다. 하루에 50개씩 단어를 외우되 다음 날에는 첫째 날 50개와 오늘 공부한 50개, 총 100개를 외운다. 셋째 날에는 첫째, 둘째 날까지 외운 100개를 복습하고, 새로운 단어 50개를 더하는 방식이다. 그리고 5일째에 250개의 단어가 누적되면 6일째 날부터는 맨 앞의 단어 50개씩을 누락시킨다. 이렇게 계속하면 매일 250개의 단어를 공부해야 한다. 이렇게 한번 공부한 단어를 5일 동안 5번씩 반복하면 단어가 저절로 외워진다.

공부하는
이유를 찾아라

소위 말하는 문제아로 낙인이 찍혀버린 한 학생이 있었다. 중학교 3년 내내 밤거리를 쏘다니고, 오토바이를 타고 새벽까지 질주하고, 술과 담배뿐 아니라 싸움이 잦아 경찰서와도 가깝게 지냈다. 부모님의 이혼으로 인한 상실감 때문에 이렇듯 마음을 잡지 못했다. 고등학교에 입학해서도 이런 생활은 계속되었다. 그러던 중 한 선생님의 관심과 배려로 조금씩 변화하기 시작했다. 그는 부모님의 이혼과 어려운 가정환경을 핑계 삼아 중요한 시기를 헛되이 보낸 자신을 후회했다. 이렇게 계속 살기에는 청춘이 너무 아깝다는 생각이 들었다. 늘 아들이 변화되기만을 묵묵히 기다려준 아버지에게도 미안한 마음이 들었다. 아무 조건 없이 자신을 믿어주는 아버지와 선생님께 보답하는 길은 공부밖에 없다고 생각했다. 그는 뒤늦게 공부를 해야 하는 이유를 찾은 것이다.

당연히 제대로 된 공부를 한 번도 해본 적 없었던 그는 처음부터 난관에 부딪혔다. 무엇을 어떻게 시작해야 하는지 몰랐고, 책상 앞에 앉아 있는 자신이 어색하고 낯설었다. 그는 1등을 모방하기로 마음먹었다. 1등의 습관을 배워 보기로 하고 관찰을 시작했다. 1등을 따라 하기 시작하자 교실 맨 뒷자리에서 맨 앞으로 옮기게 되었고, 수업 시간에 집중하는 것도 배울 수 있었다. 1등을 모방하면서 좋은 습관이 자리 잡은 것이다.

이왕 공부를 하기로 선언한 것, 그는 독하게 하기로 마음먹었다. 친구와 놀이의 유혹을 원천봉쇄하기 위해 휴대폰을 없애버리고, 새벽 3시까지 공부를 했다. 졸음과 싸워가면서 새벽 3시까지 책상을 지키는 것은 쉽지 않았다. 그래서 그날 목표한 공부를 다 마치면 드라마 한 편을 보는 등 스스로에게 상을 주는 방법을 이용했다. 하루를 공부해내기 위한 자신만의 동기부여인 셈이었다.

그는 뒤늦게 시작한 공부를 만회하기 위해 효과적인 공부법을 선택해야 했다. 철저한 복습이 그것이었다. 수업 직후 쉬는 시간에 7분간 복습하고, 야간자율학습시간에 전 과목을 한 번 더 복습했다. 부족한 부분은 참고서를 찾아 개념을 채우고, 문제풀이를 통해 그날 배운 내용을 완벽하게 소화하고 넘어갔다. 그렇게 미친 듯이 공부하자 변화는 금세 일어났다. 고1 때 전교 200등 아래의 성적이 2학년 때에는 전교 2등으로 도약했다. 모든 사람들이 깜짝 놀라는 성과를 낸 것이다. 그리고 그는 서울대에 합격했다. EBS《공부의 왕도》의 문종철 군의 이야기다.

간절하게
미래를 꿈꾸어라

공부를 잘하는 사람들의 공통점은 끊임없이 자신의 꿈을 생각한다는 것이다. 꿈이 있기에 공부에 대한 간절함이 살아있다. 동기부여가 확실하고 목표를 향한 집념이 강할 수밖에 없다. 꿈은 어린 떡잎을 키워 낙락장송을 만들어내는 태양과도 같은 것이다. 자신의 꿈을 불태워 공부 의지로 삼은 몇몇 선배들의 이야기를 들어보자.

"꿈 리스트를 보면서, 꿈들을 하나씩 진심을 다해 상상합니다. 그리고 스크랩해 두었던 힘이 나는 글귀를 읽으면서 긍정적인 기운을 느낍니다. 스크랩북을 덮고 노트에 감사한 일 3가지, 나의 바램 3가지, 나의 다짐 3가지를 작성합니다. 그리고 5분간 모든 꿈이

이루어졌다는 가정하에 춤을 추고 그 기분을 느낍니다." -공주 교대 합격생-

"눈앞에 또는 저 멀리 있는 목표를 위해 하루하루 주어진 일에 최선을 다하는 사람이 진정한 꿈 스토커라고 생각합니다. 주어진 1년을 멋지게 불태우면 앞으로 무슨 일이 닥쳐도 해낼 수 있다는 자신감이 생길 것입니다. 공부의 이유를 찾지 못한다면 자신만의 간절함을 찾으세요. 모두 저 같은 꿈 스토커가 될 수 있으리라 생각합니다." -고려대 합격생-

"수학을 공부할 때 이 과목은 프로그래밍의 근간이고 논리적 사고를 훈련하는 데 도움이 되니까 열심히 해야겠다고 다짐하고 정말 열심히 했습니다. 이런 방식으로 문제집마다 이 공부가 인생이나 꿈에 어떤 도움이 될지를 적어놓고 공부했습니다. 국어는 글을 잘 쓰고 풍부한 배경지식을 갖는데, 회계 원리는 미래에 창업을 하거나 회사에 다니게 되면 분명 도움이 될 것이라고 생각했습니다. 문제집에 써놓은 이런 한 줄의 글이 작은 동기부여가 되었고, 수능이라는 틀에서 벗어나 공부할 수 있었습니다." -성균관대 합격생-

"역경을 극복하고 성적을 향상시킨 열쇠는 저의 간절함이었습니다. 힘들 때마다 물리학과에 가야 한다는 다짐을 새롭게 했습니다. 오직 한 가지에만 집중하면서 성취를 얻어냈고, 정말 뿌듯했습니다." -경희대 합격생-

모든 일에 '비법'이란 건 존재하지 않는다

사이쇼 히로시의 ≪아침형 인간≫에는 다음과 같은 말이 나온다.

"세상 모든 일이 그렇듯이, '쉬운 방법'은 없다. 보다 '효과적인 방법'이 있을 뿐이다. 이 둘의 차이는 크다. 전자를 원하는 사람은 애초에 의지나 노력을 적게 기울이려는 목적이고, 후자를 원하는 사람은 같은 노력으로 더 많은 또는 더 확실한 효과를 보고자 하는 목적을 가진 사람이다."

그렇다. 우리가 무언가를 배울 때 스승이나 멘토를 찾는 이유는 효과적인 방법을 찾기 위해서이다. 멘토나 스승에게 배우는 것은 효과적인 학습 방법이지 공부 그 자체는 아니다. 다시 말해 공부는 스스로 하는 것이고, 효율성을 높이기 위해 스승이나 멘토는 조언을 해주는 것이다. 이끌어주는 사람이 없으면 본인 스스로 엄청난 시행착오를 겪어야만 제대로 된 방향을 잡을 수 있으니 스승이나 멘토의 필요성은 더 이상 설명하지 않아도 모두 공감하리라 본다.

반면에, 게으른 사람들은 비법이나 쉬운 방법만을 찾아 기웃거린다. 세상에 비법은 없다. 비법은 마케팅 고수들이 만들어낸 허상에 불과하다. 비법이라는 말에 속아 넘어가는 어리석음을 범하지 말자. 세상을 오래 살아본 사람들은 잘 안다. 모든 일에서 비법이나 쉬운 방법은 애초에 존재하지 않는다는 것을. 노력만이 유일한 비법이란 걸 현자들은 벌써 깨닫고 있다. 공부는 어렵게 할수록 기억에 오래 남는다는 사실을 알면, 굳이 비법을 찾아 나서지 않을 것이다.

꼴찌 야구선수,
공부로 인생 역전 홈런을 치다

지금 잠을 자면 꿈을 꾸지만 지금 공부하면 꿈을 이룬다.

알파벳도 몰랐던 야구선수,
사법고시에 합격하다

고등학교를 졸업할 때까지 알파벳 p와 q를 구분하지 못했던 학생이 사법고시에 합격했다. 초등학교 3학년 때부터 야구선수로 활동하여 고3 때까지 10년간 오직 야구 이외에 다른 것에는 눈길 한번 주지 않았다. 그러나 그는 프로야구팀 지명을 받지 못했다. 작은 키와 낮은 타율 때문이었다. 그는 야구 인생에서 완전히 실패한 사람이 되었다. 좌절과 방황 후 마음을 추스르고 무엇을 해야 할까 고민했다.

엉뚱하게도 그는 공부를 선택했다. 곧바로 노량진 재수 학원에 등록하고 1년간 치열하게 공부에만 매달렸다. 매일 새벽 첫차를 타고 학원에 가고, 밤 10시 학원 문이 닫힐 때까지 공부했다. 지하철에선 영어 단어를 외웠고, 화장실에 갈 땐 수학 노트를 들고 갔다. 첫 수능 모의고사 때 400점 만점에 70점을 받은 그가, 여름에는 250점을 넘기고, 수능 때는 300점을 받아 서울에 있는 한 대학에 진학했다. 대학에서도 늦깎이 공부를 계속한 끝에 법학으로 전공을 바꿀 수 있었고, 결국 사법시험에 합격했다. 그가 바로 전교 꼴찌 고교 야구선수 장권수 씨, 공부로 인생역전 홈런을 친 것이다.

전교 750등 야구 열등생, 사법고시에 합격하다

여기 또 다른 야구선수가 있다. 그는 초등학교 5학년 때 부모님을 졸라 야구를 시작했다. 하지만 야구를 아무리 열심히 해도 실력이 따라주지 않았다. 키는 170cm에서 자라기를 멈췄고, 고등학교 2학년 때는 한 해 동안 대타로 2번 출전한 것이 전부였다. 고등학교 2학년 말에 그는 결단을 내렸다. 야구로는 도저히 길이 보이지 않았다. 그는 7년 동안 삶의 전부와도 같았던 야구를 그만두고 뒤늦게 공부를 결심했다.

당시 그의 성적은 전교생 755명 중 750등. 남들보다 뒤늦게 시작하는 공부이기에 그는 이를 악물었다. 헌책방에서 중학교 1학년 영어와 수학 교과서를 사서 공부하기 시작했다. 'I love you'가 무슨 뜻인지도 몰라 단어 하나하나 찾아가며 공부했다. 하루 4시간만 자면서 눈 뜨고 있는 동안에는 공부만 했다. 그렇게 공부한 지 몇 개월 만에 반에서 27등까지 올랐다. 그는 할 수 있다는 희망을 품었다.

6개월 만에 영어와 수학의 중3 과정까지 마쳤지만, 수능이 코앞이고 대학을 가기에는 내신 성적이 너무 좋지 않았다. 결국 고3 10월에 자퇴를 하고 검정고시와 재수를 선택했다. 그리고 인하대 법학과에 입학했다. 공부를 선택한지 3년 만에 얻은 성과였다. 그리고 또다시 불굴의 의지로 공부를 파고든 끝에 2010년 사법시험에 합격했다. 타고난 머리가 좋아서라고 물을지도 모르겠으나 그의 IQ는 두 자리 숫자다. KBS 〈강연 100℃〉라는 프로그램에도 출연한 적이 있는 이종훈 씨 이야기다.

예습은 가볍게, 복습은 1주에 3회

예습은 교과서를 소설책 보듯 가볍게 읽어나가면서 미리 의문점을 가진다는 마음으로 한다. 그러면 수업에 흥미와 집중력을 올릴 수 있다. 예습보다는 복습을 더 중요하게 생각한다. 매일 공부한 분량을 복습하고, 다음날 재 복습 그리고 주말에 일주일간 공부한 내용을 총 복습하는 식으로 3회 복습한다. 그러면 잊어버리지 않을 만큼 자기 것으로 만들 수 있다. 공부를 시작한 지 얼마 되지 않은 사람일수록 진도를 빨리 뽑는 것보다 차근차근 이해하고 복습하는 훈련이 중요하다.

야구부 낙제 선수,
전교 1등으로

　초등학교 6학년 때까지 야구부였던 차경석 군! 야구를 계속하기에
는 파워가 너무 약하고 체격조건이 좋지 않아 그의 모든 것이었던 야
구를 포기해야만 했다. 중학교 때부터 그가 선택한 건 공부. 그는 야구
만큼이나 공부에 열정을 쏟기로 결심한다. 남들보다 기초가 턱없이 부
족했지만, 부단히 노력한 끝에 고등학교에서는 전교 1등을 달성했다.
그가 야구부 6년간의 공부 허송을 메우기 위해 얼마나 열심히 노력했
을까? 그는 '노력 없이 공짜로 얻어진 결과는 없다'라는 걸 보여준 산
증인이다.

　그는 하루 24시간을 단 일분일초도 낭비하지 않았다. 아침에 일찍
일어나 인터넷 강의를 듣고, 현관문을 나서면서는 미리 준비한 쪽지를
암기했다. 그는 전교 1등에 오르고 난 다음에도 스스로 머리가 나쁜
편이라 남들보다 훨씬 더 많이 노력해야 한다는 생각을 놓지 않았다.
점심은 간단한 김밥으로 해결할 때가 많았고, 수학여행을 가서도 손
에 쪽지를 놓지 않았다. 하루 24시간을 단 일분일초도 낭비하지 않기
위해 학습계획을 세우고 철저하게 시간관리를 하면서 공부했다. 한때
15시간 동안 책상 앞에 앉아있었던 적도 있을 만큼 그는 철저한 노력
파였다.

내 안에 잠든
무한한 잠재력을 믿어라

강에서 물놀이하던 8살 어린이가 갑자기 급류에 휩쓸려갔다. 강은 어른 키를 훌쩍 넘길 정도로 깊었다. 아이 엄마는 생각할 겨를도 없이 급류에 몸을 던졌다. 그녀는 수영을 배워 본적도 할 줄도 몰랐다. 하지만 초인적인 힘으로 아이를 잡아끌었다. 그리고 아이를 안은 채 한 손으로 헤엄을 쳐서 급류를 거슬러 올라왔다. 강가에 무사히 도착하자 아이를 내려놓은 그녀는 그만 그 자리에 실신해버렸다. 한참이 지나 정신이 들었다. 사람들이 어떻게 아이를 구했는지 묻자 그녀는 설명하지 못했다. 그냥 초인적인 힘이 솟아났을 뿐이라고 말했다.

수년간 야구만 하다가 공부로 인생 역전을 이루어 내기도 분명 쉬운 일은 아니다. 하지만 위의 3편의 글에서 보았듯이 누구나 마음만 먹으면 가능하다는 것 또한 믿어 의심치 않는다. 사람은 누구나 무한한 잠재력을 가지고 태어난다. 대부분의 사람들은 평생 동안 이런 잠재력이 있다는 사실조차 모른 체 생을 마감한다고 하니 안타까울 따름이다.

각 분야의 정상에 오른 사람들은 자신의 잠재력을 발굴해낸 사람이다. ≪몰입≫의 저자 황농문 교수에 따르면, 문제는 이런 잠재력이 절대 저절로 발휘되는 게 아니라고 한다. 자신의 능력으로는 도저히 불가능해 보이는 수준의 것을 하도록 강요받지 않으면 내 안에 숨어 있는 능력은 영원히 빛을 못 볼 수도 있다고 말한다. 그러니 도전하라고 강조한다. 불가능해 보이는 일도 자신을 채찍질하고 노력하다 보면 내 안에 숨겨져 있는 잠재력을 끄집어 낼 수 있다고 말한다. 위의 3명의 야구선수들은 불가능에 도전한 사람들이 아니다. 그들은 자신의 잠재력을 믿고 노력한 끝에 마침내 원하는 바를 성취한 평범한 사람이었을 뿐이다.

03

불우한 환경을 이겨내고
공부로 우뚝 서다

평온한 바다는 결코 유능한 뱃사람을 만들 수 없다.
– 영국 속담

가난하다고
꿈조차 가난할 수 없다

13평 정부 공공임대 아파트에서 기초생활수급자로 살면서도 공부의 끈을 놓지 않은 김명옥 양! 친구들은 학원에 갈 시간에 그녀는 신문배달을 해야 했다. 중학교 때 외국어 고등학교 진학을 결심했지만 아직 성적은 형편없는 수준이었다. 특히 영어가 부족했다. 또한 가난이라는 커다란 장벽은 그녀의 꿈을 가로막았다. 학원이나 교재를 살 돈도 넉넉지 않았던 그녀는 가난과 꿈의 기로에서 눈물을 흘리기도 여러 차례, 하지만 주저앉고 싶지는 않았다.

아무것도 갖춰지지는 않았지만 자신에게는 노력이라는 무기가 있음을 깨달았다. 그때부터 그녀는 하루 15시간씩 오직 영어 공부에 매달리기 시작했다. 하루 200개의 단어 암기를 목표로 세웠다. 단어 암기는 반복이 핵심임을 알아차린 그녀는 보고 또 보고, 읽고 또 읽으면서 수많은 어휘를 정복해나갔다. 그리고 마침내 원하던 외고에 합격할 수 있었다. 그녀는 환경이 공부를 포기하게 하는 이유가 아니라, 더 열심히 해야 하는 이유였다고 회고한다. 꿈과 열정만 있다면 어떠한 고난도 스스로 극복해낼 수 있다는 자신감을 보이기도 했다.

장애를 극복한
공부의 꿈

'척수성 근위축증'이라는 희귀병을 달고 태어난 김영일 군! 그는 태어나서 단 한 번도 땅을 밟아보지 못했다. 휠체어에 의지해 살아야 했으며 그가 스스로 움직일 수 있는 건 오직 두 손뿐이었다. 그는 불편한 몸으로 할 수 있는 일이 무엇인지, 하고 싶은 일이 무엇인지 고민했다. 고민에 고민을 거듭한 끝에 공부에 자신의 꿈을 담기로 결심했다. 하지만 불편한 몸으로 공부를 한다는 것은 남들보다 두세 배의 노력을 들이지 않고는 불가능한 일이었다. 이런 어려움에도 그는 서울대에 당당히 합격했다. 죽고 싶을 만큼 힘들었지만 포기하지 않았기에 이뤄낸 성과였다고 말한다.

근육이 허리를 제대로 지탱하지 못해 2~3시간 이상 앉아 있기도 어려웠다. 움직일 수 있는 것은 두 손뿐이었으나 그마저도 근력이 약해 필기를 제대로 할 수 없었다. 고심 끝에 필기를 대신할 전자사전을 이용하여 수업 내용을 입력했다. 수학의 경우도 필기로 문제를 풀 수 없으니, 그 길고 긴 풀이 과정까지 몽땅 머릿속으로 해결해야 했다. 그는 자신의 몸은 마음대로 움직일 수 없어도 마음대로 생각할 수 있다는 사실에 감사하다고 했다. 또한 "할 수 없는 많은 것들에 절망하기보다 할 수 있는 일에 꿈을 담아보라"고 말한다.

게임중독에서
전 과목 1등급으로

아버지는 그가 4살 때 교통사고로 돌아가셨다. 어머니는 그가 11살 때 어린 자식을 남겨 두고 집을 떠났다. 그는 할아버지, 할머니 손에서 자랐다. 이런 환경 때문에 그는 사춘기 때 게임에만 푹 빠져 살았다. 하루 세 끼를 꼬박 굶고 게임에만 몰두하는 날도 있었다. 그야말로 게임 중독이었다. 그러던 중학교 2학년 어느 날, 할아버지는 그의 손을 이끌고 서울대학교로 갔다. 노력에 따라 미래가 달라질 수 있다는 것을 그에게 깨우쳐주고 싶어서였다. 그 후 그는 삶의 방향을 바꾸기로 마음먹었다. 학생인 그가 당장 할 수 있는 것은 공부뿐이었다. 곧바로 컴퓨터를 내다 버리고 공부에 전념하기로 결심했다.

그러나 그는 이제껏 공부를 해본 적이 없어 어떻게 공부를 해야 할

지를 몰랐다. 가정 형편상 학원이나 과외는 상상도 못했다. 그는 교과서를 달달 외우기로 결심했다. 치열하게 교과서를 외우고 복습하기를 반복한 결과 그는 모든 과목에서 1등급을 받을 수 있었다. 그리고 4년 장학생으로 서울대학교에 합격했다. 불행을 행복으로 바꿔낸 나성호 군의 이야기다.

한때는 "왜 나에게만 이런 일이 일어나는 걸까?"라고 생각하며 세상을 원망한 적도 있었다. 자신이 너무 불쌍한 사람이라고 생각했었다. 하지만 그의 곁에는 그를 사랑하는 할아버지, 할머니가 있다는 걸 깨닫고 변하기로 결심했다. 공부하기로 마음의 결단이 서면서부터는 불우한 환경 따윈 중요하지 않았다. 어떤 어려움도 스스로 극복하겠다는 의지가 생겼던 것이다.

교과서를 통째로 외워라

여태껏 공부라곤 해본 경험이 없었던 그는 무엇을 어떻게 공부해야 할지 몰랐다. 여러 가지 생각 끝에 그는 공부의 기본이 되는 교과서를 달달 외우기로 결심했다. 처음에는 이 방법이 맞는지 의심이 들었지만, 공부를 할수록 감이 잡히고 자신감이 붙었다. 목차를 외우고, 교과서 내용을 정독해서 읽은 후 주제어와 핵심어를 파악하며 문장을 외웠다. 한 단원을 완벽하게 암기해야 다음 단원으로 넘어갔다. 그렇게 교과서를 외우고 나니 전 과목 1등급이라는 결과로 보답받았다. 내신에서는 전교 1등이었다.

환경을
탓하지 말라

유복하지 않은 환경에서 자라고, 선천적 소아마비를 가지고 태어난 한 장관은 이렇게 말했다. "몸이 불편했던 덕분에 농사 대신 공부를 할 수 있었어요. 가난한 덕분에 장학금을 받으려고 더 열심히 공부했고요. 가진 것이 없었던 덕분에 누굴 만나도 늘 겸손할 수밖에 없었습니다. 그 결과 그리 대단하지 않은 제가 장관의 자리까지 올 수 있었네요." 그는 불우한 환경을 탓한 것이 아니라, 불우한 환경 덕분에 성공했다고 말한다.

일본에는 '경영의 신'으로 불리는 마쓰시다 고노스케라는 인물이 있다. 일본 국민이 가장 존경하는 경영인이다. 그는 570개의 계열사와 13만 명의 직원을 고용한 전 세계 20위권의 대기업 총수였다. 파나소닉과 내쇼날이 대표적인 계열사였다. 하지만 놀랍게도 그의 학력은 초등학교 중퇴가 전부다. 어렸을 적 그의 집은 너무나도 가난하여 8남매 중 다른 형제자매들은 병으로 모두 죽고 혼자서 살아남았다. 그는 자신이 성공할 수 있었던 비결이 다음의 3가지 결핍 덕분이라고 말한다. "나는 하느님이 주신 3가지 은혜 덕분에 크게 성공할 수 있었다. 첫째, 집이 몹시 가난해 어릴 적부터 구두닦이, 신문팔이 같은 고생을 통해 세상을 살아가는데 필요한 많은 경험을 쌓을 수 있었고, 둘째, 태어났을 때부터 몸이 몹시 약해 항상 운동에 힘쓰고 소식했기 때문에 건강을 유지할 수 있었으며, 셋째, 나는 초등학교도 못 다녔기 때문에 모든 사람을 다 나의 스승으로 여기고 누구에게나 물어가며 배우는 일을 게을리하지 않았다."

위대한 성공자들은 대부분 결핍을 딛고 일어선 사람들이다. 어렵고 힘든 상황에서도 자신에게 주어진 환경이나 남을 탓하지 않았다. 오히려 장애가 많을수록 그것들을 반기며 더 큰 용기를 냈다. 장애를 극복한 만큼 성장이 따른다는 것을 잘 알고 있었기 때문이다. 힘들고 고통스러운 상황일수록 정신을 더 성숙하게 만든다.

축구로 성공한 박지성 선수와 마라톤 금메달리스트 이봉주 선수는 평발로 유명하다. 하지만 그들은 자신의 결핍을 딛고 이겨내어 최고의 자리에 올랐다. 사마천은 궁형이라는 죽음보다 더한 치욕적인 형벌을 이겨내고 인류의 고전 ≪사기≫라는 역사서를 완성했다. 헬렌 켈러는 인간의 정신은 편안한 생활 속에서는 발전할 수 없다고 말했다. 열등감 때문에 공부를 결심한 선배들도 부지기수다. 공부의 신 강성태 씨도 중학교 때 친구에게 치욕적인 괴롭힘을 당하고 나자 공부로 대갚음해주겠다는 각오를 다졌다고 한다. 그로 인해 강한 공부 동기가 생겼다고 한다.

04

꼴찌 학생,
1등이 되다

내가 헛되이 보낸 오늘은 어제 죽은 이가 그토록 갈망하던 내일이다.

영어,
전교 꼴찌에서 1등급으로

영어 성적 전교 꼴찌로 시작해 2년 만에 1등급까지 끌어올린 학생이 있다. 1,000문장 암기라는 무식하고 단순한 방법으로 기적을 이루어 낸 것이다. 그는 자신이 특별해서가 아니라 누구나 마음만 먹으면 할 수 있는 일이라고 말한다.

그는 중학교 때 영어를 아예 쳐다보지도 않았다. 고등학교 1학년 때 영어 성적은 전교 꼴찌 수준이었다. 한때 영어는 깨끗하게 포기하고 다른 과목에서 성적을 잘 받아 대학에 가자는 생각을 품기도 했다. 그러다 고2 때 생각이 180도 바뀌었다. 영어를 포기하고는 수능이 불가하다는 사실을 깨달았던 것이다.

뒤늦게 영어의 필요성을 절실하게 깨달았지만, 수능까지는 2년도 채 남지 않았다. 게다가 넉넉하지 않은 집안 형편 때문에 영어 학원을 다니는 것도 여의치 않았다. 지인과 인터넷을 통해 여러 가지 영어 공부법을 찾았으나 기초가 전무한 그에게는 여타의 공부법들은 무용지물이나 마찬가지였다. 그러다 우연찮게 기초가 없어도 가능한 공부법을 발견하게 된다. 그건 바로 '문장 암기 학습법'이었다.

그는 영어 1,000문장이 들어있는 '천일문'이라는 교재를 하나 선택하고, 무작정 문장을 통째로 암기하기 시작했다. 보고, 듣고, 생각하기를 무한 반복했다. 1년 동안 지독하게 물고 늘어진 끝에 1,000문장을 모두 외워버렸다. 3학년 때 그의 영어 성적은 1등급, 모의고사 독해에서는 만점을 받는 기적을 만들어내기도 했다. EBS〈공부의 왕도〉에 출현한 고려대 합격생 최호재 군의 이야기다.

사고뭉치 전교 꼴찌, 서울대에 합격하다

중학교 시절엔 당구장에서 살다시피 하고, 한때 사고뭉치라고 불리던 공고생이 서울대에 입학했다. 친구들과 싸워 경찰서를 드나들기도 했고, 무면허로 오토바이를 몰다 사고를 내기도 했다. 폭력으로 재판까지 받았다. 성적은 전교 꼴찌, 완전 사고뭉치 문제아였다. 공업고등학교에 진학한 그는 1학년 말에 마음을 고쳐먹는다. 자신의 과거를 버리고 공부를 통해 대학에 진학하기로 결심한다.

당차게도 그는 서울대를 목표로 잡았다. 인문계 고등학교 중 70%가 넘는 학교가 서울대 진학자를 배출하지 못하는 상황인데, 공고생이 서울대를 목표로 잡은 것이다. 선생님도 그를 말렸다. 자신의 공고 교사 20년 동안 서울대생을 배출해 본 적이 없었기에 절대 불가능하다고 판단했기 때문이다. 선생님의 만류에도 불구하고 그는 고집을 꺾지 않았다. 결국 선생님이 학교에 그를 위한 방을 하나 내주었다. 동료들은 실습을 하는 동안 그는 골방에서 혼자 공부를 이어갔다.

공부습관이 배지 않아 처음에는 10분도 앉아있기가 힘들었다. 하지만 그는 골방에서 나오지 않았다. 화장실 가는 것을 빼고는 의자에서 엉덩이를 떼지 않았다. 두 달이 지나자 공부가 조금씩 머릿속에 들어오기 시작했다. 그렇게 고등학교 내내 일반 인문계 학생들 이상으로 홀로 수능을 준비했다. 그리고 그는 공고생으로는 이례적으로 서울대 합격증을 받았다. EBS 《공부의 왕도》의 지현동 군의 이야기다.

게임중독에서
공부중독으로

중학교 3년 내내 게임에만 빠져 있다가 고등학교 입학 후 게임을 끊고 공부를 시작하여 서울대에 합격한 김시철 군의 이야기다. 중학교

3학년 때가지 그는 게임 마니아였다. 즐기는 수준을 넘어 중독에 가까웠다. 학교 다닐 때는 하루 평균 5~6시간, 주말이나 방학 때는 15시간 이상을 게임에만 빠져 있었다. 공부를 해야겠다는 것은 생각조차 해본 적이 없었다. 그러던 어느 날 그에게도 예상치 않은 변화가 찾아왔다. 자신은 비록 게임에만 빠져있었지만 부모님은 그럼에도 불구하고 아들이 언젠가는 공부를 잘해 줄 것으로 믿고 있다는 사실을 알고 나서부터였다. 그는 부모님을 실망시키지 않기 위해 정신을 차리고 공부를 하기 시작했다.

가장 먼저 컴퓨터를 치우고 휴대폰을 정지시켰다. 하지만 이렇게 결심한다고 공부습관이 없었던 그가 하루아침에 공부에 집중하는 것은 아니었다. 책상 앞에 앉아있기는 했지만, 머릿속에는 게임 캐릭터가 살아움직였고 손가락은 키보드를 두드리듯 자동으로 움직였다. 이렇게 얼마간 시간이 지나 게임에 대한 유혹을 간신히 떨쳐냈다. 그러나 위기는 또다시 찾아왔다. 공부를 시작했지만, 어디서부터 어떻게 해야할 줄 몰랐다. 이때 어머니가 아들을 도왔다. 신문에서 공부법 관련 기사들을 오려내 아들 책상 위에 슬그머니 놓아주었다. 적지 않은 기사들을 읽고 나서 그는 선배들의 공부법을 따라 하기 시작했다. 신문에 나올 정도라면 충분히 검증된 공부법이라고 믿고 그대로 실천했던 것이다. 1년 정도 공부습관이 배자 그는 이제 게임중독에서 공부중독으로 빠져들었다. 스스로 공부의 참 맛을 깨달은 것이다. 이렇게 3년을 달려 마침내 그는 입시 3관왕에 올랐다. 서울대, 한국과학기술원, 포항공대에 동시에 합격하는 쾌거를 이뤄냈다.

영어 단어는 매일 조금씩 자주 반복해라

공부를 시작하자 그를 가장 괴롭힌 과목은 영어였다. 교과서를 펼치면 도대체 아는 것이 하나도 없었다. 우선 단어부터 외우기로 마음먹었다. 아무리 외워도 하루 이틀 지나면 머릿속에 남는 단어가 절반도 되지 않았다. 공부 방법을 바꿔야 했다. 우선 단어 하나를 완벽하게 외울 때까지 붙잡고 있기보다는 매일 조금씩 자주 반복해서 보는 방법을 택했다. 이렇게 반복 횟수를 늘려주니 그토록 어렵게만 보였던 단어들이 하나씩 외워지기 시작했다.

어머니 인터뷰

아들에게 항상 '널 믿는다'라고 말했어요. '컴퓨터 한 시간만 해'라고 말해도 게임을 하다 보면 한 시간이 두세 시간이 된다는 것도 알아요. 하지만 화를 삭인 채 항상 믿고 칭찬하고 격려하려고 노력했어요. 그런데 정말 어느 날 자기 스스로 공부를 시작하더라고요. 그때 알았죠. 스스로 깨닫는 게 얼마나 중요한 지를요. 가끔 책에서 본 내용을 아들에게 얘기하려 하면 항상 '엄마, 선생님한테 지겹도록 들었어' 하더라고요. 그래서 직접 얘기하는 대신 신문의 교육 기사를 보고 오려

났다가 슬쩍 책상에 갖다 줬어요. 그랬더니 아무 말 없이 신문에 나온 공부법을 따라 하더라고요. 그렇게 일 년 정도 스크랩을 해줬죠. 그다음부터는 제가 신경 쓸 필요 없이 스스로 열심히 공부했어요.

모든 것이
마침내 쉬워질 때까지는 어렵다

쓸데없는 자만심은 배우는 것을 방해하는 가장 큰 장애물이다. 이를테면, 영어를 배울 때 완벽한 문장을 구사하지 않으면 절대 입 밖으로 영어를 내뱉지 않겠다는 불필요한 자만심 때문에 영어를 제대로 배우기도 전에 포기하는 사람이 허다하다. 실수를 허락하지 않겠다는 자만심 때문이다.

영어든 스키든 처음 배울 때는 항상 실수를 하기 마련이다. 단언컨대 많이 넘어진 사람이 스키를 더 잘 배우고, 많이 실수하고 창피를 당한 사람이 영어를 더 잘 배운다. 그렇지 않고 실수를 절대 허락하지 않겠다는 생각을 한 사람은 평생 가도 영어를 잘하지 못한다. 영어뿐만 아니라 어떤 일이든 간에 실수를 두려워하는 사람들은 성장을 하지 못한다. 심지어는 실수가 두려워 시도조차 하기 전에 포기해버린다.

공부도 마찬가지다. 처음부터 공부를 잘하는 사람은 없다. 누구나 처음에는 다 못한다. 실수투성이고, 망신살의 연속이다. 꼴찌가 어느 날

갑자기 공부를 시작한다면 친구들의 놀림을 당하기도 한다. 공부의 시작은 이 모든 것을 감수하는 것부터이다. 아무리 읽어도 잘 이해가 되지 않고, 아무리 암기하려고 해도 금방 머릿속에서 사라져버린다. 상위권 친구들은 곧잘 외우는 것을 나는 몇 시간이 걸려 외워도 잘되지 않는다. 하지만 두려워 말자. 다시 강조하지만 처음에는 다 공부가 어렵다고 말한다. 처음부터 잘하는 사람은 이 세상에 존재하지 않는다. 처음에는 남이 10의 노력을 하면 나는 100의 노력을 해야 한다.

이제 막 공부를 시작하는 학생이라면, 창피를 두려워하지 말고 한동안은 얼굴에 철면피를 깔아라. 모든 것이 다 어색하기 짝이 없을 것이다. 버스 안에서 책을 펼치는 것도 어색하고, 평소 열심히 뛰어놀기만 했던 쉬는 시간에 짬을 내 공부하는 것도 어색할 것이다. 선생님께 질문하는 것도, 친구들에게 물어보는 것도 어색할 것이다. 하지만 공부로 인생역전의 드라마를 쓰는 사람이라면 이런 단계는 필연적으로 거쳐야 하는 과정이다. 어차피 할 거라면 이런 과정도 즐거운 마음으로 받아들이자. 앞서 말했듯이 망신당하기를 두려워하면 진전이 없다. 자신의 민낯을 처음부터 확실히 까발리고 시작하는 것도 하나의 방법이다. 나의 밑바닥을 만천하에 공개했으니 더 이상 창피할 것이 없어진다. 완전한 바닥까지 내려가면 더 이상 떨어질 곳이 없고 올라갈 일만 생기는 것이다. 공부도 모든 것이 마침내 쉬워질 때까지는 어려운 법이다.

세상에
공짜는 없다

옛날 어느 왕이 살았다. 왕은 백성들을 위한 선정을 베풀고 백성들은 그런 왕을 칭송했다. 백성들을 더욱 잘 살게 하고 싶었던 왕은 어느 날 기발한 생각을 한다. 백성들을 잘 살게 하기 위해 성공의 비법을 알려주겠다는 생각이 그것이었다. 이것만 알면 온 세상 백성들이 잘 살수 있을 것이라고 믿었기 때문이다.

그는 신하들을 불러 명령했다. "성공에 대한 모든 비법을 조사하라." 나라 안의 모든 학자들은 연구를 시작했다. 밤낮없이 자료를 조사했다. 시대와 장소를 초월하여 세상의 모든 책들을 한곳에 모았다. 그중에 수천 권을 가려 왕에게 받쳤다. 하지만 너무 방대한 양이라 왕은 다음과 같이 다시 명령했다. "짐이 평생을 읽어도 못 읽을 양이로구나. 이 책들을 백 권으로 압축하라." 학자들은 다시 작업에 착수했다. 책들을 모두 분석하여 요약에 요약을 거듭했다. 그리고 거의 십 년에 가까운 노력 끝에 드디어 백 권으로 압축할 수 있었다. 하지만 무지한 백성들이 백 권이나 되는 책을 읽어내는 것은 불가능에 가까웠다.

왕은 다시 명령했다. "짐의 생각이 짧았구나. 다시 한 권으로 압축하라." 학자들은 또다시 연구를 거듭하여 백 권의 책을 한 권으로 압축하는 데 성공했다. 하지만 농사짓고 나라를 지키는 백성들이 한가하게 앉아 책을 읽을 시간이 없었다. 이미 세월이 많이 흘러 백발이 무성해지고 병까지 걸린 왕은 다시 명령했다. "짐이 죽기 전 백성들에게 성공하는 비법을 선물해주고 싶었는데 쉽지가 않구나. 이 한 권의 책을 단 하나의 문장으로 줄여라. 누구든 한 번 듣고 이해할 수 있도록 단 하나의 문장이 되어야 한다." 신하들은 고민에 고민을 거듭했다. 그리고 다행스럽게도 왕이 세상을 뜨기 전에 신하들은 그 한 권의 책을 단 한 문장으로 요약하는 데 성공했다.

신하들이 왕에게 보고한 그 한 문장은 다음과 같다.

"세상에 공짜는 없다."

성공의 비법이라는 단 한 문장은 바로 이것이었다. 노력을 하지 않고서는 얻어지는 게 없다는 세상의 진리로 통하는 말이다.

05 공부 고수가
알려주는 공부법

공부할 때의 고통은 잠깐이지만 못 배운 고통은 평생이다.

섬에서 서울대까지,
인터넷 강의 공부법

목포에서 뱃길로 한 시간, 전남 신안군의 작은 섬에서 고등학교를 다닌 민서진 양! 그녀가 EBS 〈공부의 왕도〉에 출현해서 들려준 이야기를 살펴보자. 그녀는 학원도 독서실도 하나 없는 섬에서 오직 인터넷 강의에만 의지한 채 3년을 공부해 서울대에 당당히 합격했다. 학교에서도 개교이래 최초의 서울대 합격자로 이름이 올랐다. 그만큼 기적 같은 일을 혼자 힘으로 일궈낸 그녀만의 공부법은 바로 인터넷 강의(인강) 활용이었다. 사교육은 생각조차 할 수 없었던 섬에서 인터넷 강의는 선택이 아닌 필수였다.

처음에 인강을 들을 때는 성적에 큰 변화가 없었다. 일방적이고 수동적인 인강의 특성상 스스로 적극적이지 않으면 아무리 훌륭한 강의도 그림의 떡일 뿐이었다. 그녀는 처음의 시행착오를 딛고 보다 적극적인 자세로 인강을 들었다. 마치 현장에서 직접 강의를 듣는 것처럼 한순간도 놓치지 않고 몰입했다.

강의를 듣고 난 후에는 바로 정리한 노트를 꼼꼼히 반복해서 읽고 외우는 복습의 시간을 가졌다. 노트의 부족한 부분은 채워 넣고 의문사항은 참고서를 활용해서 스스로 해결해나갔다. 그녀는 강조한다. 강의를 듣는 것보다 더 중요한 것은 스스로 공부하는 시간을 확보해 강의 내용을 숙지하는 과정이 반드시 필요하다고. 실제로 그녀는 1시간 강의를 들으면 다음 2시간 동안은 스스로 복습하는 시간을 가졌다. 인강은 공부 도우미일 뿐, 스스로 하는 공부를 대신해줄 수 없다는 사실을 반드시 기억해야 한다.

전교 100등에서 1등으로, 전 과목 10회독 공부법

EBS 〈공부의 왕도〉의 김보옥 양! 고등학교 입학성적 100등의 평범한 학생이었던 그녀는 전 과목 10회독으로 난생처음 전교 1등의 자리까지 올랐다. 그녀가 알려주는 전 과목 10회독 공부법을 살펴보자.

처음 1회독을 하면 교과서 내용이 무슨 말인지 도대체 이해가 잘

되지 않는다. 그럴 때 참고서 등을 활용해 모르거나 궁금한 내용을 찾아서 교과서에 옮겨 적는다. 참고서로도 해결되지 않는 부분은 선생님을 찾아가 물었다. 첫 1회독은 대략 12일 정도 걸렸다. 하지만 2회독부터는 가속이 붙기 시작했다. 2회독은 5일, 3회독은 3일 만에 전 과목 회독을 마칠 수 있었다. 회를 거듭할수록 효율이 늘어가고 시간이 줄어드는 것을 경험하면서 10회독도 할 수 있겠다는 자신감이 생겼다. 5회독을 넘어서자 변화가 나타나기 시작했다. 전체적인 흐름이 보이기 시작했다. 교과서 한 권이 통으로 머릿속에 자리 잡으면서 페이지를 넘나드는 통합적 사고가 가능해졌다. 그녀는 2학년 1학기 때 7회독만으로 전교 2등까지 올라가는 놀라운 성과를 냈다.

10회독의 핵심은 반복학습이다. 그날 배운 것은 반드시 그날 복습하고, 다음날에는 누적해서 복습했다. 10회독은 7회독과 또 다르게 교과서 구석에 있는 사소한 내용인 연도, 숫자 같은 것까지 저절로 외워지게 된다. 눈을 감으면 교과서가 그림처럼 완벽하게 떠오른다. 시험이 마치 책을 펼쳐놓고 치르는 것처럼 쉬워진다. 그녀는 2학년 1학기 기말고사에서 최초로 10회독을 완성하고 전교 1등을 달성했다.

꼴찌에서 전교 5등으로, 영어 교과서 암기법

EBS 〈공부의 왕도〉의 김우진 학생은 중학교 때까지 공부와는 거리가 멀었다. 공부하는 방법도 몰랐을 뿐만 아니라 공부보다는 게임이 우선이었다. 시험날에는 항상 맨 먼저 시험을 끝냈다. 아는 것이 하나도 없으니 연필을 굴려 답을 적는 게 고작이었다.

그런 그에게 변화가 찾아왔다. 고등학교에 진학해보니 친구들은 게임보다는 공부와 입시에 관심을 보였다. 친구 없이 혼자서 게임을 하는 것도 금방 싫증이 났다. 불안한 마음이 들기 시작했다. 친구들은 다 공부하는데 나만 놀면 '장래에 뭐가 될까'라는 생각이 들자 공부를 해야겠다는 결심이 섰다. 그 뒤 그는 확 달라졌다. 자투리 시간도 놓치지 않을 만큼 열심히 공부를 한 결과 입학 당시 281등인 성적이, 1학년 1학기에 100등, 2학기에 63등, 2학년 1학기에는 무려 5등까지 뛰어올랐다. 꼴찌에서 1년 반 만에 올린 놀라운 성과였다. 무엇보다 영어가 가장 어려웠다는 그가 말하는 영어 공부법을 들어보자.

고등학교 때 영어 공부를 처음 시작한 그는 기초가 전혀 없었다. 단어 뜻조차도 제대로 알지 못하는 그가 고심 끝에 선택한 공부법은 '교과서 암기'였다. 무작정 암기하는 것 외에는 달리 방법이 없었다. 단어의 뜻을 모르던 해석이 안되던 무조건 교과서를 외우기 시작했다. 쓰고 또 쓰면서 교과서를 다 외웠다. 모르는 단어가 너무 많아서 단어 찾는데 시간이 너무 많이 낭비되었다. 그래서 그는 단어 찾는 것을 그만두었다. 대신에 문장과 해석을 보면서 해석을 통해 역으로 문장 속에서 단어를 유추해가면서 공부했다.

단어가 문장 속에서 어떻게 쓰였는지 살피다 보니 뜻을 기억하기가 훨씬 쉬워졌다. 본문 전체를 끝도 없이 쓰고 또 쓰면서 암기했다. 팔이 아프면 큰 소리로 읽었다. 이 과정을 끝없이 반복했다. 문장을 다 외웠다 싶으면 백지를 꺼내 해석을 먼저 적고 영어 문장을 머릿속으로 떠올려 적었다. 잘 떠오르지 않거나 틀린 문장은 또다시 반복해서 외웠다. 이렇게 교과서 한 권을 통째로 암기하고 나니 자신감이 생겼다. 자신감이 드니 전보다 공부가 훨씬 더 재미있어졌다. 그래서 공부를 더 열심히 하게 되었다.

365일, 새벽 6시부터 밤 12시까지 학교를 사수하라

중학교 시절 대부분의 시간을 컴퓨터 게임과 만화를 보면서 보낸 한 학생이 있었다. 그러다 중2 때 선생님께서 읽어 주신 서울대 합격수기 한편을 듣고 180도로 달라졌다. 수기 속의 등장하는 서울대 합격생은 다리가 불편한 장애인이었다. 그의 어머니는 길거리에서 생선을 파는 노점상이다. 그는 불편한 장애의 몸에도 불구하고 오직 노점상으로 고생하는 어머니를 생각하며 절박하게 공부했다. 그 결과 서울대에 합격했고 누구보다 어머니가 기뻐해 주었다는 이야기다.

게임과 만화에만 빠져있던 그 학생은 이 한 편의 수기를 듣고 자신의 어머니를 떠올린다. 그리고 가슴속에서 북받쳐 오르는 뜨거운 눈물을 흘렸다. 자신의 어머니도 수기 속에 등장하는 어머니와 다를 바 없는 고생을 하고 있었던 것이다. 그는 더 이상 학원에 다니는 것도 사치라고 생각하고, 스스로 공부하기로 결심한다.

공부 결심이 서자, 맨 먼저 자신이 즐겨 하던 게임을 지워버렸다. 만화책도 모두 내다 버렸다. 게임과 만화책 대신에 가슴속에 확고한 목표를 심었다. 어떤 사람에게도 자랑할만한 어머니의 장한 아들이 되기로 목표를 정했다. 그는 매일 새벽 6시에 1등으로 학교에 등교해서 공부를 시작한다. 졸음이 오면 손목에 감고 있는 세 개의 고무 밴드를 튕겨서 졸음을 쫓는다. 자리에 한번 앉으면 화장실 갈 때를 제외하고는 일어나지 않는다. 점심도 제대로 챙겨 먹는 편이 아니다. 점심을 배불리 먹으면 졸음이 쏟아지기 때문에 삶은 계란이나 감자로 요기만 할 뿐이다. 그리고 밤 12시 수위 아저씨가 문을 닫으러 올 때까지 자리를 지킨다.

그는 비가 오나 눈이 오나 365일 학교에 가서 공부를 한다. 1년 365일 하루도 빠지지 않고 새벽부터 밤까지 공부에 매진하는 건 쉬운 일이 아니다. 보통 사람이라면 흉내 내기도 어려운 의지력이다. 하지만 그는 어머니를 향한 절실한 꿈이 있기에 고등학교 3년 정도는 충분히 견뎌낼 자신이 있었다고 말한다. EBS 《공부의 왕도》의 유길상

군의 이야기다.

언어영역,
만만히 봤다가는 낭패 당한다

언어영역 성적을 6등급에서 1등급으로 끌어올린 강소영 양. 그녀는 언어영역을 만만하게 봤다가 크게 낭패를 본 후, 언어도 공부를 하지 않으면 안 된다는 사실을 깨닫는다. 그 뒤 선생님께 도움을 청하고, 언어영역을 체계적으로 정리하고 공부하여 1등급까지 끌어올렸다. 그녀의 이야기를 들어보자.

"언어영역은 파고들수록 어렵고, 기초적 지식과 독해력이 없으면 쉽게 성적이 오르지 않는 과목이다. 벼락치기 공부나 문제집만 대량으로 푼다고 훈련이 되는 것도 아니다. 영어 공부를 하듯 단어를 정리하고 지문을 분석하고, 수학 공부를 하듯 문맥을 이해하고 논리적으로 답을 찾는 훈련이 필요하다. 우리말이란 이유로 등한시하면 점수를 잃기 쉬운 반면, 평소에 꾸준히 체계를 잡아 공부한다면 우리말이기 때문에 점수를 높이기에도 훨씬 유리한 과목이라는 사실을 명심하자."

수학,
기초가 중요하다

고3 여름방학을 앞두고 지서영 양에게 슬럼프가 찾아왔다. 다른 과목에 비해 많은 시간과 노력을 투자한 수학에서 유독 제자리걸음을 하고 있었기 때문이다. 노력한 만큼 결과가 나오지 않자 불안감에 견디기 힘들었다. 그녀는 자신의 수학 공부법을 총체적으로 분석해보았다. 그러자 문제점이 보이기 시작했다. 문제는 중학교 과정의 수학 기초가 부족했던 것이다.

그녀는 다소 늦은 감이 있었지만 고3 여름방학을 활용해서 중학교 3학년 수학을 다시 공부하기로 결심했다. 사실 그녀는 자신의 결정을 반신반의했다. 이제 와서 중3 수학 공부를 하는 게 도움이 될까? 시간 낭비만 하는 건 아닐까? 하지만 중학교 수학을 공부할수록 결정을 잘했다는 생각이 들었다. 비록 중학교 수학이지만 너무나도 중요한 내용을 여태껏 모르고 있었던 것이다. 그렇게 여름방학 때 중학교 과정을 마치고 나자 마법처럼 수학 문제들이 풀리기 시작했다. 부진한 수학 성적이 오르자 그녀는 자신이 원하던 경희대 한의예과에 진학할 수 있었다.

중학교 영어 단어를 정복하라

고려대 경영학과에 입학한 송병서 군! 그는 초등학교 때부터 유독 영어가 싫었다. 급기야 중학교 때에는 영어 숙제도 해가지 않는 등 포기 상태에 이르렀다. 수학은 항상 1등급이었으나, 한번 멀어지기 시작한 영어는 5등급을 밑돌았다. 고1 때 그의 성적표를 우연히 보게 된 누나의 권유로 영어를 뒤늦게 시작하게 되었다. 하지만 영어를 공부해 본 적이 없는 그는 어디서부터 어떻게 시작해야 할지 도무지 막막하기만 했다.

고민 끝에 중학교 교과서를 공부하기로 결심했다. 어차피 기초가 없으면 고등학교 영어도 따라가기 힘들다는 판단에서였다. 그전까지 영어를 5분도 공부하지 않았던 그가 하루 3~4시간씩 투자해서 중학교 영어를 공부했다. 한 달이 조금 지나자 중학교 과정의 모든 단어를 외울 수 있었다. 그렇게 영어 기초를 다진 그는 수능시험에서 외국어영역 만점을 받는 기적을 만들어냈다.

예습과 복습만으로도 내신 1등급이 가능하다

'학교 수업에 충실하고, 예습·복습을 열심히 했어요'라고 답하는 소위 명문대 합격생들. 이 말이 과연 사실일까? 공부보다는 친구와 축구하며 노는 걸 더 즐겼던 류동수 군! 그는 예습·복습을 통한 공부로 울산과학기술대학교(UNIST)에 당당히 합격했다.

당초에 그는 중위권 정도의 평범한 학생이었다. 그러나 고1 기말고사에서 뚝 떨어진 성적표를 받고 공부를 해야겠다는 오기가 발동했다. 공부법을 몰라 고심하던 그에게 우연히 독일의 심리학자인 '에빙하우스의 망각곡선'에 관한 TV 다큐멘터리가 눈에 들어왔다. 일정 시간 간격을 두고 반복해서 복습하는 것이 기억을 오랫동안 지속시킬 수 있는 유일한 방법이라는 이론이었다. 한마디로 예습과 복습이 중요하다는 말로 들렸다. 그는 바로 실천에 들어갔다. 그러자 놀랍게도 5등급 수준이었던 대부분의 과목에서 1등급을 받았다.

예습은 수업에 흥미를 느끼게 해주고 집중할 수 있도록 도와준다. 수업에 집중하는 만큼 최대로 수업내용을 얻어 갈 수 있게 된다. 이것이 수업 전 예열과 같은 예습의 효과이다. 예습보다 중요한 것은 복습이다. 그는 매 수업이 끝날 때마다 바로 5분간 복습 시간을 가졌다. 그리고 당일 자율학습 시간을 이용해 한 번 더 복습을 했다. 이때는 꼼꼼하게 총 2시간을 할애해서 복습을 했다. 다음은 일요일에 한 번 더 한 주간 배운 내용을 총정리하는 시간을 가졌다. 이렇게 예습과 복습을 꾸준히 해나가자 전체적인 공부시간도 줄어들면서 기억엔 더 오래 남는 결과를 만들어냈다. 이 방법만으로 그는 내신 1등급을 꾸준히 유지할 수 있었다.

행복이란,
가진 것에 감사하는 것!

데일 카네기의 ≪행복론≫에는 다음과 같은 이야기가 나온다. 해럴드 애보트란 카네기 친구가 2년 동안 경영했던 사업에 실패하고 여러 날 낙심하다가 단 10초 만에 고민을 해결한 일화이다. 그가 카네기에게 들려준 이야기를 들어보자.

"나는 2년 동안 식료품 잡화상을 경영하다가 실패해 전 재산을 날리고 빚까지 지게 되었네, 여러 날 낙심 끝에 겨우 마음을 추스르고 밥벌이를 위해 일자리를 구하러 가던 길이었네, 어느 횡단보도 앞에서 다리가 없는 사람과 마주쳤다네, 그는 롤러스케이트용 바퀴를 단 나무판자 위에 앉아서 양손에 쥔 나무토막으로 땅을 찍어대며 움직이고 있었지. 횡단보도 끝자락에서 그와 눈이 마주치자, 그는 싱긋이 웃으면서 쾌활한 목소리로 나에게 인사를 하는 것이 아닌가. '안녕하십니까? 참 좋은 날씨입니다.' 그의 모습을 물끄러미 바라보는 동안 나는 얼마나 부자인가를 깨달았다네. 나에게는 두 발이 있고, 걸을 수도 있지 않은가. 다리가 없으면서도 이처럼 행복하고 명랑하게 살아가는 사람이 있는데, 하물며 사지가 멀쩡한 내가 우울해할 필요가 있겠는가? 이런 생각을 하자 용기가 생겼지. 자신감 덕분에 취직까지 하게 되었다네. 그리고 지금 나는 다음과 같은 말을 거울에 붙여두고 매일 아침마다 읽고 있다네!"

"나는 신발이 없음을 한탄했는데, 거리에서 발이 없는 사람을 만났다"

네 손가락의 피아니스트 이희아 씨는 "없는 것에 슬퍼하지 말고, 남아있는 것에 기뻐하세요."라고 말한다. 다 잃고 멀쩡한 사지만 남았다고 해도 그 또한 감사할 일인 것이다. 세상에는 사지를 잃고도 행복하게 살아가는 사람도 있으니 말이다. 가진 것에 감사하는 마음이 곧 행복인 것이다.

PART 2

학습의 원리를 알면
공부가 쉬워진다

공부를 잘하는 비밀, 배경지식!

이해를 하려면 배경지식이 있어야 한다

이해를 잘하려면 충분한 배경지식이 있어야 가능하다. 배경지식은 다른 말로 사전 지식이라 불리기도 한다. 우리가 글을 읽거나 선생님의 수업을 들을 때도 배경지식의 차이에 따라 그 정보를 이해하고 받아들이는 양이 달라진다.

어떤 주제에 대해 배경지식이 많을수록 글을 쉽게 이해할 수 있다는 연구결과는 많다. 중학생을 대상으로 한 연구를 살펴보자. 실험에서 피험자(실험의 대상이 되는 사람) 절반을 독해 능력이 뛰어난 학생으로, 나머지 절반은 독해 능력이 부족한 학생으로 나누었다. 그리고 피험자들에게 야구 경기에 관한 글을 읽게 한 후 이해한 내용을 설명하도록 주문했다. 결과는 흥미로웠다. 독해 능력과 상관없이 야구에 관한 배경지식이 많은 학생들의 이해력이 월등히 높았다. 반면에 독해 능력의 차이에 따른 이해도가 차별을 보이기는 했으나, 배경지식만큼 중대한 영향을 미치지는 않았다. 배경지식이 글을 잘 읽고 이해하는 결정적인 요소라는 것이 연구 결과 밝혀진 것이다.

EBS에서 제작한 〈인지 세계는 냉엄하다〉라는 다큐멘터리의 실험 결과를 봐도 배경지식이 이해에 있어 절대적으로 중요한 요소임을 알 수 있다. 실험 내용은 이렇다. 야구부 남학생들과 피아노 전공 여학생들에게 동시에 프로야구 경기를 보여줬다. 그리고 나서 방금 본 야구 경기에 대해 학생들에게 무엇을 얼마만큼 기억하고 있는지 물었다. 먼저 피아노 전공 여학생들은 야구를 볼 때 생소한 단어들이 많아서 그냥 공이 왔다 갔다 하는 거나, 선수들이 공을 놓치거나, 점수가 올라가거나, 이런 것 말고는 다른 것들은 잘 들어오지 않았다고 말했다. 심지어 야구에는 아예 관심조차 없고 팬들이 응원하는 것이나 광고만 눈에 들어왔다는 학생도 있었다. 야구에 대한 배경지식이 없었던 피아노 전공 여학생들은 야구를 보고도 제대로 이해할 수 없었던 것이다. 이해를 못 하니 기억에 남는 것은 더더욱 없었다. 반면, 야구부 학생들은 매우 세부적이고 자세하게 기억했다. 기억의 양도 차이가 분명했다.

이처럼 이해를 하는데 배경지식이 중요한 이유는 무엇일까? 답은 이렇다. 배경지식은 우리가 더 많은 정보를 더 쉽게 이해할 수 있도록 의미덩이(청킹, Chunking)를 만들어주기 때문이다. 의미덩이를 많이 만들수록 작업기억에 공간이 더 많이 생겨서 개념을 쉽게 연결하고 글을 잘 이해할 수 있다. 그렇다면 작업기억은 무엇이고 의미덩이가 무엇이기에 이해력을 높이는 데 이처럼 중요한 요소란 말인가? 이에 대해 계속 살펴보자.

작업기억과 장기기억

기억에는 작업기억과 장기기억이 있다. 작업기억(working memory)은 장기기억과 비교해서 단기기억이라고 불리기도 한다. 작업기억은 지금 나의 생각이 일어나는 장소이고, 현재 내가 생각하는 내용을 일시적으로 다루는 공간이다. 작업기억에는 아주 나쁜 2가지 특징이 있다. 첫째, 작업기억은 정보를 기껏해야 약 20~30초 정도라는 매우 짧은 시간 동안만 저장한다. 둘째, 작업기억은 용량이 매우 작다. 용량이 제한되어 한꺼번에 많은 정보를 처리하지는 못한다. 작업기억용량은 기껏해야 의미덩이 7±2개 정도에 지나지 않는다. 7±2개 이상의 정보가 추가되면 앞의 것이 밀려나버린다.

여기서 한가지 더 주목할 부분은 '의미덩이'라는 용어다. 인간은 작업기억의 한계를 극복하고 저장용량을 극대화할 수 있는 여러 가지 방법을 고안해왔다. 그중 한 가지가 바로 의미덩이라고 불리는 방법인데, 기억할 정보들을 하나의 덩어리로 묶어 작업기억 공간의 활용을 높이는 것이다. 만약 누군가가 자동차, 전기, 친환경이라는 단어를 외우라고 한다면, 외워야 할 것은 총 3개이다. 그런데 이를 "친환경 전기 자동차"라고 기억하게 되면 이는 하나의 의미덩이가 된다. 작업기억 용량을 결정짓는 것은 단어의 수가 아니라 의미 있는 대상의 수, 즉 의미덩이에 따라 정해진다.

장기기억(long-term memory)은 지식을 보관하는 방대한 저장소이다. 장기기억에 저장된 모든 정보는 의식 너머에 있다. 조용히 있다가 필요한 순간에 작업기억으로 올라와서 의식에 자각된다. 예를 들어 '한글을 만든 조선시대 왕은 누구입니까?'라는 질문을 받으면 곧바로 '세종대왕'이라는 답이 떠오른다. 방금 전에만 해도 장기기억에 보관된 채 의식되지 않았지만 질문을 받자 주어진 질문 내용과 연관되면서 작업기억으로 올라온 것이다.

의미덩이
(청킹)

의미덩이에 대해 조금 더 구체적으로 알아보자. 의미덩이란 청킹

(chunking)으로, 우리 뇌에 입력된 다양한 정보를 연결하는 작업을 '의미덩이 짓기'라고 한다. 앞서 설명했듯이 의미덩이로 묶으면 더 많은 정보를 작업기억에 저장할 수 있다.

의미덩이를 다음 예시로 쉽게 설명해보자. APPLEPEAR-STRAWBERRY라는 19 글자를 기억하라고 하면, 뜻은 고사하고 눈에 잘 들어오지도 않는다. 외우기에 무척 난감하다. 하지만 이를 의미 있는 청킹 덩어리로 나누면 쉬워진다. 즉 APPLE, PEAR, STRAWBERRY로 나누면 눈에 확 들어오고 암기하기도 쉬워진다. 우리가 잘 아는 과일인 사과, 배, 딸기라는 의미이다. 숫자도 마찬가지 개념을 이용하면 암기하기가 쉬워진다. 500625450815라는 숫자를 암기하라면 왠지 난감하다. 하지만 이를 500625, 450815로 나누자 처음보다는 좀 더 쉬워 보인다. 다시 두 덩어리를 의미 있는 청킹 덩어리로 나누어 보자. 50/06/25, 45/08/15로 나뉜다. 이제 의미가 눈에 확 들어오고 암기하기가 쉬워졌다. 첫 번째는 50년 6월 25일 6.25전쟁이 발발한 날짜이고, 두 번째는 45년 8월 15일 광복절이다. 우리는 그냥 '6.25전쟁'과 '광복절' 두 가지 의미만 기억하면 위의 숫자를 쉽게 연상할 수 있게 되었다. 이것이 바로 의미덩이의 힘이다.

의미덩이는 얼핏 보기에 무의미할 것 같은 정보를 우리가 알고 있는 배경지식과 연결하여 의미 있는 덩어리로 만들어내는 작업이다. 여기서 중요한 것은 배경지식임을 직감할 수 있다. 내가 만약 6.25전쟁과 광복절을 모르고 있었다면 500625450815라는 숫자를 유의미한 의미덩이로 묶어낼 수 없다. 의미덩이는 자신의 배경지식을 토대로 의미 있는 덩어리를 만들어 내는 것이므로, 배경지식이 많을수록 의미덩이를 만들어 내는 능력이 뛰어나다. 자신의 기억을 토대로 세계를 다르게 보는 것이다.

글을 읽으면서 의미덩이를 만들면 작업기억에 공간이 생겨서 문장의 의미를 더 쉽게 연결할 수 있다. 공간이 늘어나면 추론하는 데도 도움이 된다. 〈냉장고를 부탁해〉라는 프로그램에서 유명한 요리사들은 남의 집의 냉장고만 들여다보고도 몇 가지 조리법을 뚝딱 생각해 낸다. 요리사는 작업기억에서 조리에 필요한 재료를 의미덩이로 묶기 때문에 만들려는 요리뿐 아니라 다른 것도 추가로 생각할 수 있으며 미리 요리 단계를 계획하기도 한다.

지식의
빈익빈 부익부

지식은 많이 알수록 많이 쌓인다. 배경지식이 기억에 미치는 효과를 연구한 사례가 있다. 연구에서는 전문 지식이 많은 사람과 그렇지 않은 사람에게 짧은 글을 읽게 했다. 읽기 자료는 전문 지식이 없어도 무리 없이 이해할 수 있는 수준이었다. 다음 날 기억력 테스트를 해보니, 전문 지식이 많은 사람이 그렇지 않은 사람보다 훨씬 더 많은 정보를 기억해냈다. 연구 결과에서는 두 가지 사실을 알아냈다. 배경지식이 많을수록 글을 읽을 때 집중력이 더 좋았으며, 기억해내는 정보의 양도 더 많았다는 사실이다. 이것이 바로 지식의 빈익빈 부익부 현상이다.

배경지식이 많으면 새로운 지식이 들어올 때 연결이 쉽다. 그래서 우등생은 계속 우등생의 길을 간다. 이미 머릿속에 들어 있는 정보량이 많기 때문이다. 우등생은 조금만 공부해도 효율이 높다. 반면에 열등생이 우등생이 되려면 몇 배의 노력을 기울여야 한다. 동일한 정보를 받아들이더라도 배경지식이 부족하기 때문에 새로운 지식을 연결하는데 애를 먹는다.

예를 들어 상위권 학생 A 군의 지식의 양이 10,000이라고 하고, 일반학생 B 군의 지식은 2,000이라고 해보자. 학생들은 새로운 개념이 나오면 자신이 알고 있는 개념과 연결해서 이해를 시도한다. 그런데 지식이 얕으면 중간중간에 이해가 잘되지 않는다. 배경지식에 따라 이해의 폭과 정보 흡수력이 달라진다는 얘기다. 이로 인해 같은 정보를 보고도 A 군은 100을 받아들일 때 B 군은 20 정도만 받아들일 수 있다. 각각 똑같이 자기 지식의 1%씩을 받아들인 것이지만, 그 차이는 100과 20으로 확연하다. 이렇게 되면 A 군의 누적 지식은 10,100

이 되고 B 군은 5,020이 된다. 이 차이는 시간이 흐를수록 눈덩이처럼 커지게 된다. 배경지식이 많으면 새로운 정보를 더 쉽고 더 많이 배울 수 있기 때문에 시간이 지날수록 그 격차는 점점 더 벌어진다.

성균관대 심리학과 이정모 교수는 지식의 빈익빈 부익부에 대해 다음과 같이 설명한다. "인지 심리의 냉엄한 논리는 빈익빈 부익부입니다. 지식이 부족한 사람이면 정보처리를 제대로 못해서 이해를 제대로 못하고, 따라서 기억을 못 하고, 기억을 잘 못하니까 지식이 줄어들고, 지식이 줄어드니까 그다음 걸 이해를 또 못 하고, 이렇게 계속해서 빈익빈으로 가는 반면에, 지식이 많은 사람들은 지금 주어진 정보와 자극들을 많은 지식을 동원해서 잘 처리하고 잘 조직화해서 기억하니까 지식이 늘어납니다. 지식이 계속해서 늘어나니까 그다음에 또 좋은 정보처리를 하고, 또 기억이 늘어나고 해서, 빈익빈 부익부 식의 그런 원리가 계속해서 적용되는 것입니다."

그렇다면 지식의 빈익빈을 줄이는 방법은 없는 것일까? 지식을 따라잡을 수 있는 방법은 정보를 더 많이 접하는 것뿐이다. 늦깎이 공부를 시작한 학생이라면 남들보다 더 많은 시간을 투입해서 더 많은 정보를 흡수해야 한다. 어휘를 더 많이 익히고, 문제를 더 많이 풀어야 한다. 이렇게 꾸준히 노력하다가 어느 시점에 이르면 배경지식이 풍부해져서 상위권 학생과 비슷한 수준으로 이해하고 흡수할 수 있게 된다.

창의력 또한 배경지식이 풍부할수록 더 뛰어날 수밖에 없다. 창의력은 기존의 지식으로 새로운 지식을 창조해내는 것이기 때문이다. 기존의 지식을 연결하고 조합하고 색다르게 바꾸는 행위가 곧 창의력이다. 자동차에 대한 배경지식이 풍부한 사람일수록 자동차의 문제를 개선할 수 있는 창의적인 아이디어를 더 잘 만들 수 있고, 백종원 대표처럼 요리에 대한 지식이 많은 사람일수록 창의적인 요리법을 더 쉽게 개발할 수 있다.

누구나
공부를 잘할 수 있다

우리는 위에서 설명한 지식의 빈익빈 부익부를 통해 배경지식이 많을수록 더 잘 이해하고 더 많은 정보를 받아들인다는 사실을 알았다. 이제 우리는 공부를 잘하는 학생이 왜 계속해서 공부를 더 잘하는지 이해할 수 있다. 그들이 공부를 잘하는 건 머리가 좋아서 그런 게 아니었다. 예전부터 공부를 꾸준히 해왔기 때문에 배경지식이 많이 생긴 것이고, 배경지식이 많으니 새로운 내용을 남들보다 쉽고 빠르게 받아들일 수 있었던 것이다. 공부를 잘하는 이유가 다름 아닌 공부를 많이 했기 때문이다. 그러니 공부를 잘하는 학생을 보면 저 학생은 원래부터 머리가 좋다거나 지능이 뛰어난 천재라고 치부해버리지 말고 냉정하게 바라보는 게 옳다. 저 학생은 지금까지 노력을 많이 한 덕분에 당연히 성적이 좋은 것이라고 생각해주는 게 맞다.

한 발 더 나아가 조금만 더 깊이 있게 생각해보자. 공부에도 빈익빈 부익부 현상이 있다는 것은 하위권 학생들에게 희망의 메시지가 될 수 있다. 공부의 빈익빈 부익부란 말은 내가 머리가 나빠서 공부를 못한 게 아니라, 지금까지 공부를 안 했기 때문에 공부를 못한 것이라는 의미다. 따라서, 하위권 학생이 지금부터라도 공부를 열심히 한다면 배경지식이 차츰 늘어나게 되고, 배경지식이 늘어나면 새로운 내용을 쉽고 빠르게 이해할 수 있게 되고, 이런 과정이 선순환되면 공부가 더 이상 지겹게 느껴지지 않고 재미있다는 생각이 들기 시작할 것이다. 공부에 재미를 붙이면 더 신나서 더 열심히 하게 되는 선순환 구조가 만들어진다. '공부를 하면 할수록 재미있다'는 말은 괜한 소리가 아니었다.

독서가
배경지식을 키운다

위에서 설명한 바와 같이 기억의 이론에서 중요한 원칙 중에 하나는 바로 '배경지식 효과'이다. '같은 곳을 보고도 다른 것을 본다'는 말이 있다. 사람은 각기 다른 기억과 배경지식을 가지고 있기 때문에 같은 사물을 보고도 각자가 다른 방식으로 해석한다는 얘기다. 이는 정확히 배경지식 효과를 대변하는 말로 보인다. 내 머릿속에 무엇이 들어있느냐에 따라 특정 사안을 이해하는 이해력이 달라지고 기억하는 양이 달라지기도 한다. 골프에 관한 지식이 많은 사람은 골프 채널을 흥미롭게 보고 또한 배울 점을 찾기도 하지만, 골프에 대한 배경지식이 없는 사람은 골프 중개를 봐도 아무런 생각이 일어나지 않고 또한 흥미를 느끼지 못하고 바로 채널을 돌려버리기도 한다. 배경지식의 차이 때문이다.

이처럼 사람들은 어떤 대상을 있는 그대로 똑같이 받아들이는 것이 아니라, 자신만의 의미를 부여해 대략적으로 기억한다. 자신의 배경지식을 가지고 사물의 의미를 재구성하는 것이다.

우리 두뇌의 용량은 무한에 가깝다고 하지만, 각자가 처리하고 저장하는 용량에는 분명 한계가 있다. 그 한계를 만들어내는 것이 바로 한 개인이 가지고 있는 배경지식이다. 새로운 지식은 항상 기존에 있는 배경지식과 연결되기 때문이다.

경제전문가는 금리와 환율 흐름을 쉽게 이해하고, 유명한 화가는 남들의 붓놀림만 보고도 그 사람의 실력을 금방 알아차린다. 모두가 배경지식 때문이다. 배경지식은 거미줄을 치는 것과 비교되기도 한다. 기존에 아무것도 없는 곳에 거미가 거미줄을 치려면 쉽지 않고 시간도 많이 걸린다. 하지만 이미 탄탄한 거미줄이 있는 곳에 한 가닥 거미줄을 추가하기는 매우 쉽다. 연결고리가 많기 때문이다. 기억의 세계도 마찬가지다. 머릿속에 배경지식이 많으면 새로운 정보를 엮어낼 연결고리가 많아 이해가 빠르고 기억이 쉬워진다.

　그렇다면 배경지식을 쌓는 가장 효과적인 방법은 무엇일까? 전문가들은 두말할 것 없이 독서를 꼽는다. 책을 많이 읽으면 다양한 지식이 머릿속에 차곡차곡 쌓이기 때문에 배경지식이 늘어난다. 이렇게 늘어난 배경지식은 새로운 지식이 들어올 때마다 단단히 붙잡아주는 갈고리 역할을 한다.

　가천 의대 뇌과학 연구소의 김영보 박사도 기억력을 높이려면 우선 책을 많이 읽으라고 조언한다. "기억력 증진법의 기본은 독서예요. 잘 기억하기 위해 연상을 하려 해도 자기 안에 무엇이 있어야 연상이 되거든요. 자기 안에 들어 있는 게 없으면 연상하는 것 자체가 힘들죠. 독서는 많이 하면 할수록 점점 더 재미있고 얻는 것도 많아집니다. 독서를 할수록 지식이 쌓이고 그것이 쌓이면 새로운 지식을 습득하기가 훨씬 쉬워집니다. 이미 아는 것과 연관된 것은 훨씬 더 재미있고 쏙쏙 잘 들어오니까요."

　이스라엘 노벨상 수상자 로버트 아우만 교수 역시 지식의 연결을 위한 독서의 중요성을 강조한다. "잘 기억하기 위해서는 이미 아는 것과 새로 알게 되는 지식의 연결이 중요하다고 생각합니다. 책도 읽고 공부도 해서 다양한 분야에 대한 지식을 갖추고 있어야 새로 정보를 받아들일 때 적절히 연결할 수 있습니다. 그렇게 하면 배우고 관찰하는 동안 지식이 뇌에 자동적으로 저장되면서 머릿속에서 저절로 연결을 짓게 되고, 이는 기억력 강화로 이어집니다." 어렸을 적부터 해온 꾸준한 독서가 배경지식을 키우고 기억력을 높여준다는 말은 당연해 보인다.

반복과 복습, 효율적으로 해야 기억에 저장된다

행복은 성적순이 아닐지 몰라도 성공은 성적순이다.

기억의 핵심은 반복

개그맨 강성범 씨는 한때 지하철 노선도를 다 외웠다. 완벽하게 외운 후에도 기억을 붙잡아두기 위해서 한 달에 한 번 정도는 머릿속으로 되뇌어보는 연습을 계속한다고 한다. 반복하지 않으면 망각하기 때문이다. 슈퍼 기억력을 가진 사람들도 오랫동안 기억하기 위한 유일한 방법은 반복뿐이라고 말한다. 천재적인 기억력의 보유자로 기네스북에 오른 에란 카츠도 한 인터뷰에서 아무리 훌륭한 기억력을 가진 사람도 반복하지 않으면 유효기간이 하루 이틀에 불과하다고 말한다. 기억의 핵심은 역시 반복뿐이다.

그렇다면 반복은 어떻게 기억을 강화할까? 주기적으로 반복해서 뇌를 자극하면 기억을 담당하는 해마의 신경세포들이 연결되는 시냅스 부위가 활성화되고 단단해진다. 같은 정보가 반복해서 자극되면 해마는 그것을 중요한 정보라고 판단하여 장기기억에 저장한다. 정보를 장기기억화하려면 자꾸자꾸 반복을 해줘야 한다는 말이다. 낯선 사람도 자주 만나면 익숙해지는 것처럼, 정보도 자주 접하면 기억이 강화된다. 반면 반복하지 않으면 해마는 그것을 불필요한 정보로 간주하여 폐기해버린다.

한 서당의 훈장님은 《사자소학》,《명심보감》,《대학》,《중용》,《논어》,《맹자》를 대부분 암송한다. 훈장님은 한자를 외우는 특별한 방법이 있는 게 아니라, 암기의 핵심은 바로 반복이라고 말한다. "먼저 뜻을 이해해야지요. 그 글귀가 좋으니까 자꾸 되새김질하고, 그러다 보면 저절로 기억에 남게 됩니다. 하루에 한 시간 정도라도 한 번 읽고 또 반복해서 읽으면 외울 수 있지요. 한꺼번에 외울 욕심을 내지 말고 부분이라도 정확히 외우면 어느 순간에 전체가 다 머릿속에서 연결되는 순간이 옵니다. 한자는 깊이 있게 이해하면 옛이야기를 듣는 것처럼 재미있거든요. 재미있으면 잘 기억하게 됩니다. 그 뜻을 알고 계속 읽으면 한자 공부의 맛이 나지요. 그 맛을 느끼면 나중에 그만하라 해도 본인이 좋아서 절대 그만두지 않습니다."

효과적인
복습 방법

공부의 신으로 불리는 대한민국 공부 레전드 강성태 씨는 경상북도 점촌이라는 시골에서 태어났다. 그는 중학교 때까지 공부를 잘하는 학생이 아니었다. 우연한 계기에 중학교 2학년 말에 공부를 해야겠다는 마음을 먹었으나 당연히 처음부터 잘 될 리는 없었다. 무작정 독서실에서 오래 앉아 있는 엉덩이 공부법으로 어느 정도 성적을 올리기는 했으나, 고등학교 때 공부의 위기를 맞는다.

나름대로 진짜 열심히 공부했다고 생각하는데도 어느 순간부터는 성적이 오르지 않았다. 옆에 있던 친구는 야간자율학습 시간에 만화책도 보고 잠도 자는데 시험만 봤다 하면 거의 만점이 나오고, 그는 아무리 열심히 해도 시험만 보면 박살이 났다. 그 친구를 보면서 열등감에 휩싸이고 방황도 했다. '난 머리가 나쁜가 보다', '우리 집은 왜 대학 나온 사람이 한 명도 없지? 공부에 대해 속 시원하게 물어볼 데도 없구나!'라고 생각하면서 좌절감에 빠졌다.

이렇게 한동안 환경 탓만 하다가 시간이 얼마간 지나자 스스로를 인정하기 시작했다. "그래, 내가 공부 잘하는 친구들, 머리 좋은 친구들과 같아지기 위해서는 얘네들이 한 번 볼 때, 나는 두 번, 세 번, 다섯 번 보는 방법밖에 없다"라고 다짐했다.

그 후로 정말 남들보다 더 많이 반복해서 보는 공부습관을 갖게 되었다. 그가 스스로 찾은 공부의 비법은 다름 아닌 복습이었던 것이다. "제 공부에 있어 가장 무시무시한 비결이자 비장의 무기, 그것을 찾게 된 겁니다. 마치 사막을 헤매다 모든 것을 포기하고 주저앉은 순간, 오아시스를 발견한 그런 느낌이었죠. 그 무기란 바로 '복습'이었습니다."

자, 이쯤 되면 공부를 잘하는 가장 확실한 방법은 다름 아닌 반복과 복습이란 걸 확인했다. 그렇다면 배운 내용을 하루에도 수십 번씩 반복해서 읽는 것만으로 공부를 잘할 수 있을까? 반복과 복습도 효율적인 방법이란 게 있을까? 이제부터 그 해답을 찾아보자.

에빙하우스의
망각곡선

복습을 할 때는 시간 측면이 매우 중요하다. '언제, 얼마나 자주' 복습을 해야 하는지 알아야 효과적인 공부를 할 수 있다. 시간 간격을 잘 조절한 의식적인 복습만이 효율적인 공부를 완성할 수 있도록 돕는다.

시간 간격을 둔 복습 방법에 대해서는 지금까지 나온 이론 중에 '에빙하우스의 망각곡선' 이론이 가장 설득력이 있다. 대부분의 공신들은 이 이론에 충실히 따라 복습했다. 수업 직후 쉬는 시간에 한 번 복습하고, 저녁 자율학습 시간에 두 번째 복습, 주말에 세 번째 복습을 하는 식이다.

우선 에빙하우스의 망각곡선 이론에 대해 자세히 알아보자. 이 이론은 독일의 심리학자인 헤르만 에빙하우스(Hermann Ebbinghaus: 1855~1909년)가 16년간 망각에 관련된 다양한 실험을 통해 주창한 이론이다. 그의 이론에 따르면, 사람의 기억은 학습 후 10분 후부터 망각이 시작되며 1시간 뒤에는 50% 가량을 망각하게 되고, 하루 뒤에는 70%, 한 달 뒤에는 80% 이상을 잊게 된다고 한다.

에빙하우스는 이러한 망각으로부터 기억을 오랫동안 지속시키기 위한 가장 효과적인 방법은 복습이며, 복습 시 가장 중요한 것은 '일정한 시간 간격을 두고 하는 반복'이라고 말하고 있다. 즉, 최초 학습 후 10분 뒤에 복습을 하면 하루 동안 기억이 유지되며, 하루 뒤에 재차 복습을 해주면 일주일 동안, 일주일 뒤에 다시 복습을 하면 한 달간 기억이 유지된다. 또 이 상태에서 한 달 후 다시 복습을 하게 되면 6개월이나 그 이상 기억이 유지되는 장기기억으로 전환된다. 장기기억에 저장된 후에는 몇 달에 한 번씩 슬쩍 들여다보기만 해도 그 기억이 계속 유지된다.

[표1] 에빙하우스의 기억률

학습 경과 시간	기억률(%)
즉시	100
20분	58
1시간	44
1일	33
2일	28
3일	25
1달	21

에빙하우스의 이론을 다시 한번 쉽게 설명하면, 망각으로부터 기억을 지켜내는 유일한 방법은 복습이며, 복습은 일정한 시간 간격을 두고 하는 것이 가장 효과적이다. 즉, 학습한 내용을 잊지 않고 장기기억화하기 위한 복습 주기는 10분 후, 1일 후, 1주일 후, 1개월 후 순이다. 특히 학습 직후에는 망각의 속도가 매우 빠르기 때문에, 10분 후 복습과 1일 후 복습을 놓치면 기억의 70%를 손실하게 된다. 1일 이내에 복습을 하지 않으면 배운 내용을 겨우 30%만 기억할 수 있다는 말이다.

또한 에빙하우스는 최초 기억을 만들 때에도 가능한 오랜 시간을 들여 관심 있게 보고 이해한 후 저장하면, 위에서 말한 망각 속도를 훨씬 더 늦출 수 있다고 말하기도 했다. 복습을 조금 더 게을리하고 싶은 학생이라면 최초 공부할 때 정보를 강하게 입력하는 것도 나쁘지 않은 방법이다.

상위권 학생들이 일반학생과 다른 점은 남들 다 노는 쉬는 시간에 5분 정도 시간을 내어 방금 전 수업 시간에 배운 내용을 복습한다는 점이다. 그들은 에빙하우스가 말한 이론을 충실히 따르고 있었던 것이다. 쉬는 시간에 복습하지 않으면 1시간만 지나도 배운 내용의 50%를 망각한다는 사실을 잘 알고 있는 것이다. 실제로 대부분의 공신들은 다음과 같은 방법으로 복습을 진행한다. 수업 직후 빠르게 5분간 복습, 자율학습 시간에 당일 수업 내용을 모두 복습, 주말에 한 주 동안 배운 내용을 복습하는 방식이다. 에빙하우스 이론을 최대한 현실에 맞게 적용한 방식으로 보인다.

누구나 이런 '일정한 간격을 두고 하는 반복'의 원칙을 지키면 공부를 잘 할 수 있다. 그렇다면 학생들은 이처럼 쉬워 보이는 원칙을 왜 지키지 못하는가? 그것은 아이러니하게도 우리 뇌가 가장 싫어하는 것 중에 하나가 바로 '반복'이기 때문이다. 학습을 유발하는 원동력이 호기심인데, 반복은 이미 한번 배운 내용을 다시 보는 과정이므로 더 이상 호기심이 발동되지 않는다는 점이 우리를 안타깝게 한다.

하지만 반대로 생각해보면 이 또한 단점이 아니라 장점이 될 수 있다. 누구나가 싫어하는 것이 반복이어서, 하기 싫은 반복을 아무도 하고 싶어 하지 않는다. 이때 내가 어려운 '반복'이라는 과정을 조금만 참고 노력해준다면 남들과 차별화된 성과를 올릴 수 있다. 공부를 잘하는 비결 또한 다른 곳에 있는 게 아니다. 남들이 하기 싫은 일을 꾹 참고 내가 해내는 것이 성공의 비밀이자 공부의 비결이다.

단순 반복은
이제 그만

수동적인 반복 읽기는 효과가 없다. 우리는 흔히 복습을 할 때 지난번에 읽은 내용을 수동적으로 다시 읽는다. 하지만 이런 방식의 복습은 기억에 도움을 주지 않는다. 시간 낭비일 뿐이다. 수동적인 반복의 대표적인 사례는 동전 기억이다. 우리는 500원짜리 동전을 수천 번도 넘게 봤음에도 앞면에 그려진 학의 머리가 오른쪽에 위치하는지 왼쪽에 위치하는지 제대로 기억하지 못한다. 의미 없는 단순 반복은 아무리 무한정 반복해도 기억에 남지 않는다.

복습을 할 때는 배운 내용을 머릿속으로 떠올려 보는 등 귀찮고 힘들더라도 보다 적극적인 방식으로 해야 한다. 그러면 기억을 훨씬 탄탄하게 다질 수 있다. 그저 수동적으로 읽기만 하는 복습은 당장은 아는 것 같은 느낌이 들지만, 책을 덮고 나면 기억나는 게 거의 없다. 안다는 착각에 빠졌을 뿐이다.

문제 풀이 방식에서도 효과적인 공부법은 따로 있다. 모르거나 틀린 문제를 알 때까지 반복하는 것이 효과적이다. 대부분의 학생들은 문제집을 한 번 풀고는 만세를 부르고 더 이상 거들떠보지 않는다. 하지만 상위권 학생들은 다르다. 그들은 문제집을 한 번 푸는 것까지를 공부라고 생각하지 않는다.

본격적인 공부는 다 풀고 난 이후부터 시작된다. 그들은 애매하거나 틀린 문제만을 따로 분류해 수없이 반복해서 다시 풀어본다. 상위권 학생들은 아는 것은 건너뛰고 모르는 것만 골라 알 때까지 반복하는 특별한 공부법을 가지고 있는 것이다. 공부란 본래 모르는 것을 아는 것으로 바꿔나가는 과정이기 때문이다.

반복 학습의 가장 효과적인 방법으로 손꼽히는 것은 '머릿속으로 떠올리기'이다. 구체적인 방법은 이렇다. 우선 말끔하게 치워진 책상에 앉아 빈 종이를 한 장 준비한다. 그리고 오늘 배운 내용을 1교시부터 기억에 떠올려 적는다. 기억이 잘나지 않더라도 최선을 다해 기억을 끄집어낸다. 다음 단계는 내 기억 속에서 끄집어낸 기억을 확인하고 수정하는 것이다. 교과서나 참고서를 펼쳐놓고 내가 빈 종이에 적은 내용에서 틀렸거나 빠뜨린 내용을 수정하고 보완한다. 수정 보완이 끝났으면 다시 전체 내용을 떠올려 본다. 이렇게 반복적으로 떠올려보기를 하면, 단기기억을 장기기억으로 전환시킬 수 있다.

과거에는 정보를 반복해서 보는 것이 기억을 강화하는 데 도움이 된다고 생각했다. 하지만 지금은 이것이 시간 대비 효율이 무척 떨어진다는 사실을 알고 있다. 단순 반복은 뇌에 자극을 주지 못한다. 일정한 시간 간격을 두고 반복하고, 틀린 문제만 따로 분리해 반복적으로 공부하고, 머릿속으로 떠올려보기를 하는 등 능동적이고 적극적인 반복이라야 기억을 높일 수 있다.

시 험 효 과

워싱턴 대학교에는 국제정치경제학을 가르치는 앤드루 소벨 교수가 있다. 소벨 교수는 학생들이 어떻게 하면 배운 지식을 오랫동안 기억하게 할 수 있을까를 고민하고 다양한 실험을 했다. 그가 최종적으로 찾은 결론은 이렇다. 한 학기에 3번 보는 시험을 9번 보는 쪽지시험으로 바꾸자, 학생들의 성적이 월등히 좋아졌다. 더 많은 시험이 더 좋은 성적을 만들어낸 것이다.

한 연구에서 대학생을 상대로 반복 읽기와 시험 효과의 망각 정도를 비교했다. 학습 일주일 후 시험을 치렀을 때 반복 읽기만 한 학생들의 망각률은 52%였고, 반복해서 시험을 본 학생의 망각률은 10%에 불과했다.

시험을 본 학생들은 틀리거나 놓친 부분을 복습하는데 더 많은 시간을 보내게 된다. 자신이 아는 것과 모르는 것을 더 정확하게 인지하고, 인출 연습을 통해 누적된 기억을 공고히 하는 연습을 하게 된다. 반면, 시험을 보지 않고 반복 읽기만 한 학생들은 자신의 숙련도에 지나친 자신감을 갖는 오류를 범한다. 제대로 알지 못하면서 단지 안다는 착각에만 빠질 뿐이다.

대부분의 학생들은 시험을 죽도록 싫어한다. 하지만 인지심리학에서 바라본 시험은 매우 효과적인 학습방법이다. 시험은 단순 반복 읽기를 벗어나 제대로 된 반복 학습을 유도하는 매우 중요한 수단이다. 스스로 문제집을 풀어보는 방식의 셀프 테스트, 학교의 쪽지시험, 또는 중간·기말고사를 적극적으로 준비하는 과정에서 효율적인 공부가 이루어진다.

유창성
착각

교재를 단순히 반복해서 읽기만 하면 그 내용을 숙달한 것으로 착각하는 함정에 빠지게 된다. 공부할 당시에는 너무나 당연하다고 느낀 내용이 막상 시험을 치르면 잘 떠오르지 않는다. 전문가들은 이를 유창성 착각(Fluency illusion)이라고 부른다. 이는 교재를 여러 번 읽어서 그 텍스트 자체가 익숙할 뿐이지, 그 내용을 숙지하거나 제대로 된 지식을 얻었다고 말하기는 어렵다. 분명히 공부할 때는 다 아는 것 같았지만 매번 시험을 치를 때마다 성적이 생각보다 안 좋다면, 이는 분명 공부할 당시 유창성 착각에 빠진 것이라고 의심해봐야 한다.

특히, 어려운 수학 문제를 풀 때 대부분의 학생들은 답안지를 보면서 풀이 과정을 몇 번 반복해서 읽는 것으로 끝내버린다. 그러고는 완벽히 이해하고 숙지한 것으로 생각한다. 분명히 답안지를 읽는 과정에서는 이해가 술술 잘 되었기 때문이다. 하지만 막상 시험을 보면 비슷한 문제가 나와도 풀지 못한다. 공부할 당시에 유창성 착각이라는 함정에 빠졌기 때문이다.

03 | 집중력이 공부 효율을 좌우한다

읽은 내용을 하나도 잊지 않으려고 드는 것은,
먹은 음식을 몸 안에 고스란히 간수하려는 것과 다름없다.
– 소펜하우어

집중력의 차이가
학습량을 결정한다

한 사람은 시속 4Km의 속도로 러닝머신 위를 걷고, 다른 사람은
시속 12Km의 속도로 러닝머신 위에서 뛰고 있다. 둘 다 똑같이 30분
동안 운동을 했다. 결과는 어떨까? 이 두 사람은 같은 시간 동안 운동
을 했지만 운동량이 똑같다고 말할 수 있을까? 굳이 대답하지 않아도
모두가 잘 안다. 두 사람의 운동량은 대략 3배의 차이가 난다.

공부도 마찬가지다. 한 사람은 의자에 앉아 그저 수동적으로 교과
서를 반복해서 읽고 자신의 실력보다 훨씬 낮은 쉬운 문제집을 골라

여러 번 반복해서 풀었다. 다른 사람은 교과서를 집중해서 읽고, 읽은 내용을 머릿속으로 떠올려보는 등 적극적으로 공부를 했다. 문제집은 틀린 문제만 따로 모아서 정확히 알 때까지 반복해서 풀고 또 풀었다. 불행하게도 이 둘은 같은 시간 공부를 했지만, 시험 성적은 하늘과 땅만큼 차이가 났다. 특히, 비교적 난이도가 높은 수능에서는 그 차이가 더욱 두드러진다.

이처럼 공부는 같은 시간 동안 책상 앞에 앉아 있다고 해서 같은 양의 결과를 보이는 게 아니다. 얼마나 집중하나에 따라 공부의 양과 질이 2~3배 정도 차이가 나기도 한다.

상위권 학생들과 일반학생들의 차이는 집중력이다. 상위권 학생들은 단 한 시간을 공부해도 그 시간을 온전히 공부에만 집중한다. 반면에 일반학생들은 10분을 공부하다가 스마트폰을 쳐다보고, 또 5분 공부하다가 저녁에 친구와 떡볶이 먹을 생각을 하고, 또 5분 공부하다가 딴 생각을 하는 것을 반복한다. 3시간을 공부했다고 해도 순수하게 공부에 집중한 시간은 1시간이 미처 되지 못한다.

집중하지 않으면
기억되지 않는다

집중을 하지 않으면 기억도 잘되지 않는다. 집중을 하지 않은 상태에서는 이해력이 떨어지기 때문에, 정보를 정확하게 소화하지 못하고 결국 제대로 기억하지 못하게 되는 것이다. 강의를 듣거나 공부를 할 때 집중하지 않고 딴생각을 하면 두뇌에 정보가 제대로 입력되지 못한다. 우리 뇌는 집중해서 듣거나 입력한 내용만을 잘 기억하도록 설계되어 있기 때문이다. 수업 시간을 생각해보자. 선생님 말씀을 집중해서 듣지 않으면 이해를 하지 못한다. 이해를 못 했으니 기억 속에 저장되지도 못한다. 그저 시간만 흘려보냈을 뿐이다. 수업을 듣기는 했으나 남는 게 하나도 없게 된다.

한때 사람들은 잠을 자는 동안 MP3 플레이어에 학습 내용을 녹음해서 들으면, 그냥 잠만 자는 것보다 효과가 좋다고 믿었던 적이 있었다. 하지만 지금 이와 같은 주장은 터무니없다는 것이 밝혀졌다. 집중을 하지 않고 흘려들은 내용은 절대 뇌에 각인되지 못한다. 귀에서는 소리가 들려올지 모르지만 잠을 자는 뇌는 이것을 전혀 받아들이지 않는다. 카페 안에는 수많은 소리가 주위를 떠돌지만 내가 듣는 소리는 내가 집중한 것뿐이다. 왼쪽, 오른쪽에 테이블에 앉은 사람들이 말하는 소리, 음악 소리, 주변의 소음 등이 있지만, 내가 기억하는 건 내가 집중해서 들은 상대방의 말소리뿐이다.

집중력을
높이는 방법

연구에 따르면, 1시간을 초과하여 쉬지 않고 계속 책을 읽을 경우 이해도가 37% 떨어진다고 한다. 따라서 집중력을 높이기 위한 효과적인 공부 방법으로 블록 단위 학습을 추천한다. 30분 정도 짧은 블록으로 나누어 공부를 하면 뇌가 더 효과적으로 기능을 발휘한다.

한 블록 단위 공부가 끝나면 5분 정도 짧게라도 쉬는 시간을 갖는 게 좋다. 뇌가 정보를 처리할 수 있는 중간 휴식시간을 가지면 기억이 더 강화된다. 우리 뇌는 휴식시간 동안 새로운 지식과 기존의 지식을 연결하는 작업을 하기 때문이다.

처음 공부를 시작하는 학생의 가장 큰 난관이 책상 앞에 앉아도 오랜 시간 집중을 제대로 못하는 것이다. 이 경우 처방도 위에서 말한 블록 단위 공부법이다. 우선 스스로 최대한 집중할 수 있는 시간까지는 공부를 한다.

예를 들어 집중 시간이 20분이라고 하면 그 시간은 온전히 집중해서 공부를 한다. 그다음 집중이 떨어지면 공부를 멈추고 바로 휴식을 취한다. 휴식은 5분 정도면 충분하다. 이때 중요한 것은 책상 앞을 떠나지 않는 것이다. 그냥 책상 앞에 앉아서 눈을 감고 편안한 자세로 휴식을 취하는 것이 좋다. 휴식이 끝나면 다시 20분간 집중해서 공부한다. 이러한 훈련을 반복하다 보면 집중시간이 점점 늘어나게 된다.

일본에는 10년 동안 15만 명에게 집중의 기술을 전파한 일본 최고의 집중력 전문가 모리 겐지로가 있다. 그는 이런 노하우를 집대성한 저서 ≪기적의 집중력≫을 2017년 출간했다. 이 책의 요점은 매우 간단하다. 공부 시작 전 집중력을 높이는 방법에 관해 그가 말하는 핵심은 아래와 같다.

1. 책상에 앉는다.
2. 허리를 꼿꼿이 펴고 자세를 바르게 한다.
3. 몸과 마음을 최대한 편안한 상태로 만든다.
4. 5-3-8초(숨 들이마시기 5초, 멈추기 3초, 내쉬기 8초) 심호흡과 5분간 명상을 한다.
5. 공부를 시작한다.

학습에 있어 집중력은 매우 중요하다. 집중력을 끌어올리는 방법은 생각보다 어렵지 않다. 스스로 집중하려고 노력하는 것, 마음을 편하게 갖는 것 등이 집중력을 높이는 간단한 방법들이다. 공부할 때는 '집중'이 성패를 좌우한다는 생각을 갖고 주어진 시간 동안 최대한 집중하는 습관을 들이자. 시간을 효율적으로 사용하는 제1의 원칙이 바로 집중하는 것이니 말이다.

앞서 설명한 대로 사람에 따라서는 집중력이 3배 이상 차이를 보이기도 한다. 같은 분량의 공부를 해도 공부 내내 집중하는 사람은 30분 만에 끝내는 반면, 집중하지 않고 핸드폰을 쳐다보고 딴생각을 하는 사람은 1시간 30분이 지나도 끝내지 못한다.

집중력을
높이는 환경

집중을 잘하기 위해서는 공부 환경도 매우 중요하다. 공부가 잘되는 장소가 있는가 하면 그렇지 않은 곳도 있다. 주변 사람들 모두가 공부하는 사람들뿐인 곳에서는 공부 집중을 더 잘할 수 있다. 독서실이나 도서관이 그런 곳이다. 집에서 공부할 때는 주변에 방해하는 사람이나 물건이 없는 환경을 만들어야 한다. 공부방에서는 떠드는 사람이 없도록 하며, TV나 컴퓨터는 거실로 옮기는 게 좋다.

공부하면서 가사가 있는 음악은 듣지 않는 것이 좋다. 사람은 두 가지 일을 한 번에 하는 멀티태스킹 즉, 다중 작업이 불가능하다. 따라서 가사가 있는 음악은 내가 지금 공부하려는 내용의 입력과 충돌 현상을 일으켜 공부에 방해가 된다. 공부할 때 음악을 듣고 싶다면 클래식과 같이 가사가 없는 음악을 낮은 소리로 듣는 게 좋다. 특히 주변에 거슬리는 소음이 많다면 귀에 이어폰을 꽂고 클래식을 듣는 것이 공부 집중을 높일 수 있다.

책상은 어질러진 것보다는 깔끔하게 정리된 상태가 공부 집중도를 높일 수 있다. 실내 온도는 너무 춥지도 덥지도 않은 쾌적한 상태가 좋다. 너무 더운 것보다는 약간 서늘한 환경이 공부에는 더 효과적이다. 조명은 천정 등으로 방 전체를 밝히고 책상 위에 스탠드를 하나 더 마련한 2중 조명이 좋다. 이렇게 하면 눈의 피로를 줄이고 집중도를 훨씬 높일 수 있다.

그밖에 공부 집중을 방해하는 환경으로 불편한 의자, 주변의 소음, 공부 중간에 불쑥 불쑥 떠오르는 잡생각 등이 있다. 공부하기 전에는 이런 환경들을 말끔히 정리하고 시작하는 게 공부 효율을 높일 수 있는 방법이다. 심리적인 스트레스나 우울, 걱정거리들도 공부 집중을 떨어뜨리니 공부 전에는 마음을 가라앉히는 심호흡이나 짧은 명상을 하는 게 좋다.

휴식도
학습 전략이다

쉬는 것을 낭비라고 생각하는 사람이 많다. 하지만 그렇지 않다. 우리 뇌는 쉬는 동안 기억을 정리하고 만들어낸다. 쉬지 않고 계속 공부만 하면 학습한 내용을 기억하지 못하고 망각을 더 많이 하게 된다. 정보가 너무 많은데 뇌에서 제대로 정리할 시간이 주어지지 않으면 대부분의 정보는 잊어버린다. 망각곡선을 만들어낸 독일의 심리학자 헤르만 에빙하우스는 이런 연유로 적어도 40~50분에 한 번씩 쉬는 것이 좋다고 조언했다. 중간에 쉬는 것이 장기기억을 만드는데 더 유리하다.

이 외에도 우리의 집중력은 1시간을 채 넘기지 못한다. 집중력이 떨어질 때에는 쉬는 것이 뇌의 피로를 덜어주는 최선의 방법이다. 학교에서 50분 수업하고 10분 쉬는 이유가 여기에 있는 것이다. 전문가들은 혼자서 공부할 때도 2~3시간 쉬지 않고 연달아하는 것보다 학교 수업과 비슷하게 50분 이내로 끊어서 공부하고 10분 정도 쉬는 것이 공부 효율을 높이는 방법이라고 조언한다. 휴식은 30분~1시간 단위로 길게 한 번을 쉬는 것보다 5~10분 단위로 짧게 여러 번 나누어 쉬는 것이 더 효과적이다.

휴식을 취할 때는 TV를 보거나 핸드폰을 만지작거리는 것보다 편안하게 쉬거나 명상을 하는 것이 더 좋다. 편안한 상태가 되면 뇌에서 알파파가 나온다. 알파파 상태에서는 마음이 차분히 가라앉고 기억력과 집중력이 높아진다. 뇌에서 엔도르핀이 분비되기 때문이다. 엔도르핀은 몸의 면역력을 증가시키는 것은 물론, 기억력과 창의력 같은 뇌 기능을 향상시키는 데 효과가 있는 호르몬이다.

아이큐에 대한
믿음은 허상

성공은 아무나 하는 것이 아니다. 철저한 자기 관리와 노력에서 비롯된다.

천재 프로젝트는
실패였다

천재 남자와 천재 여자가 만나 아이를 낳으면 그 아이도 천재가 되는지에 대한 흥미로운 관찰이 있었다. 1980년대 미국에서 노벨상 수상자의 정자만을 기증받아 아이큐 160 이상의 여성들에게 제공하는 정자은행이 출범했다. 19년 동안 이곳을 통해 시험관 아기 등으로 217명이 태어났다. 소위 말하는 천재 아이들이었다. 뉴욕타임스의 데이비드 폴로츠라는 기자가 이 아이들의 성장을 추적했다. 4년간 취재 끝에 얻은 결론은 '천재 프로젝트는 실패'였다. 천재의 DNA를 가지고 태어나도 천재로 자라지는 못했다.

정신건강의학과 전문의이자 마음누리 학습 클리닉 원장을 맡고 있는 정찬호 박사는 2002년과 2005년에 서울 서초동의 한 초등학교 학생 40명과 특목고 진학을 목표로 하는 중3 학생 200명을 대상으로 학습능력을 평가한 적이 있다. 평가 결과, 아이큐와 성적의 상관관계는 불과 4%로 의미 없는 수치를 보였다. 반면에 공부법이나 정서적 안정 등과 성적의 상관관계는 18%로 비교적 높은 수치를 보였다. 더욱이 상위 10% 학생들과 일반학생들의 아이큐 차이가 전혀 없었다고 한다. 대부분의 학생들의 아이큐는 90~110 정도인데, 아이큐가 90만 넘으면 아이큐의 높고 낮음과 성적과는 아무런 연관성이 없다고 한다.

학부모들은 공부에 있어 열심히 노력하면 안 될 게 없다고 말은 하면서도, 그럼에도 머리가 웬만큼 따라줘야지라는 고정관념은 버리지 못하고 있다. 주변에서 평범한 지능으로 뛰어난 성적을 올리는 사례들을 충분히 접하고, 보고 들었음에도 사람들은 그 고정관념을 좀처럼 바꾸려 하지 않는다. 재차 강조하지만 학습능력은 지능과 무관하다. 머리가 나빠서 공부를 못한다는 말은 시력이 좋지 않아 잘 들리지 않는다는 말처럼 터무니없는 말일뿐이다.

아인슈타인의
뇌를 훔친 사나이

KBS에서 제작한 ≪뇌가 좋은 아이≫에 나오는 아인슈타인의 이야기를 들어보자. 아인슈타인은 사후에 가족들이 지켜보는 가운데 조용히 화장됐다. 그런데 아인슈타인을 검시한 병리학자 토마스 하비 박사가 그의 뇌를 훔쳐 따로 보관했다. 이 사실은 아인슈타인이 사망한지 22년이 지나서야 세상에 알려졌다. 하지만 토마스 박사의 도둑질은 천재에 대한 환상을 깨는데 커다란 기여를 하게 되었다.

아인슈타인의 뇌를 분석한 결과 무게는 1,230그램이었다. 보통 성인의 뇌 1,400그램에도 못 미치는 수치였다. 다만 수학적 추론 등을 담당하는 두정엽이라고 불리는 특정 부위만 일반인에 비해 15% 정도 컸을 뿐이다. 연구자들은 이런 차이가 아인슈타인의 천재성과 관련이 있는 것이 아닐까 하고 추측할 뿐이다.

주목할 점은 아인슈타인의 뇌에서 발견된 특이성이 특별히 장애를 갖고 태어나지 않는 한 누구나 후천적인 습관과 관심, 자신이 기울인 시간과 노력에 의해 형성된다는 것이다. 전문가들이 말하는 '뇌의 가소성' 또는 다른 말로 '시냅스의 가소성'이라고 불리는 것이 바로 그것이다.

즉, 자신의 분야에 대한 남다른 열정, 관심과 공들인 시간 등이 뇌를 변화시켜 남다른 업적을 성취한다는 지극히 당연한 결론에 도달하게 된다. 2006년 영국 케임브리지 대학교에서는 천재 연구를 집대성한 책을 펴냈는데, 그 결론은 이렇다. "천재를 만드는 건 1%의 영감,

70%의 땀, 29%의 좋은 환경이다."

천재는 창조적 업적을 낳은 사람이지, 뛰어난 지능을 갖고 태어난 사람이 아니다. 아인슈타인 역시 말년에 자신의 천재성과 관련된 사람들의 궁금증에 대해서 "나는 특별한 재능이 아니라 열정적인 호기심을 갖고 있을 뿐"이라고 말했다.

발명왕 에디슨이 남긴 메모는 모두 500만 장이나 된다고 한다. 세계적인 천재로 꼽히던 에디슨이기에 언제든지 필요할 때마다 아이디어가 불쑥 튀어나오고, 그때그때 필요한 정보를 머릿속에서 쏙쏙 뽑아 썼을 것 같지만 사실은 그도 배운 것을 금세 잊어버리는 까마귀형의 평범한 인간일 뿐이었다. 그도 항상 중요한 내용은 메모를 하고 반복해서 들쳐봄으로써 수많은 발명품을 탄생시킬 수 있었던 것이다. 천재라고 칭송받는 사람도 망각을 멈추게 하는 묘약을 가지고 태어난 것은 아니다.

타고난 재능은 없다

마이클 조든은 타고난 선수가 아니었다. 그는 스포츠 역사상 가장 열심히 노력한 운동선수였을 뿐이다. 하지만 사람들은 그를 타고난 천재라고 칭송한다. 그의 성공 이면에 녹아있는 피나는 노력을 읽어내지 못했기 때문이다. 마이클 조든은 고등학교 대표팀에서 탈락했다. 또한 자신이 원하던 노스캐롤라이나 주립대학 농구팀에도 선발되지 못했다. NBA 드래프트 때도 첫 두 팀이 그를 뽑지 않고 지나쳤다. 지금은 농구 천재로 알려진 조든도 한때는 평범한 한 명의 농구 선수였을 뿐이었다.

학교 대표팀에서 탈락한 조든은 엄청난 충격을 받았다. 그의 어머니는 아들에게 초심으로 돌아가 열심히 훈련에만 매진하라고 조언했다. 그리고 그는 어머니의 말을 따랐다. 아침 6시에 집을 나서 등교하기 전까지 혼자서 농구 연습을 했다. 대학시절에는 약점인 수비와 볼 핸들링, 슛을 보완하기 위해 끝없이 노력했다. 시즌 마지막 게임에서 지고 난 뒤에도 혼자서 훈련장으로 뛰어가 몇 시간 동안 연습을 했다. 이미 농구 천재로 이름이 알려진 뒤에도 그의 훈련량은 엄청났다.

조든에게 성공이란 노력으로부터 나오는 것이었다. 하지만 다른 사람들은 그렇게 생각하지 않았다. 그들은 마이클 조든을 보면서 완벽한 육체와 타고난 재능이 그를 위대한 선수로 만들었다고 단정해 버린다.

미켈란젤로는 '천지창조'라는 이름으로 알려진 시스티나 성당 천장화를 장장 4년에 걸쳐 완성했다. 작품을 완성한 뒤 그는 이런 말을 남겼다. "내가 얼마나 이 그림을 그리기 위해 노력했는지 안다면, 사람들은 나를 천재라 부르지 않을 것이다." 그는 이 작품을 완성하기 위해 사람들의 출입을 통제하고 천장 아래에 세운 작업대에 누워 고개를 뒤로 젖힌 채 물감을 칠해나가는 고된 작업을 4년이나 했다.

그로 인해 눈과 목에 이상이 생기기도 했다. 사람들은 말한다. 미켈란젤로의 천재성이 천지창조를 완성시킨 것이라고. 하지만 정작 미켈란젤로 자신은 이 작품이 완성되기까지 노력과 헌신으로 보낸 4년간의 고통스러운 세월이 필요했다고 말한다.

공부를 잘하는 상위 0.1% 학생이 인터뷰에서 이런 말을 했다. "노력하는 사람이 모두 성공하는 것은 아니겠죠. 하지만 성공한 사람들은 모두 노력한 사람들입니다. 저는 이 같은 진리를 늘 좌우명으로 삼고 있습니다."

지능 칭찬 vs
노력 칭찬

컬럼비아대학교 캐럴 드웩(Carol Dweck) 교수는 한 가지 재미있는 실험을 했다. 그는 뉴욕의 초등학교 5학년생 400명에게 간단한 문제를 풀게 한 다음, 한 그룹에게 '넌 참 똑똑하구나'라고 칭찬을 해주었고, 다른 그룹에게는 '넌 참 열심히 노력했구나'라고 칭찬해 주었다. 전자는 지능을 칭찬한 것이고, 후자는 노력에 대한 칭찬이다.

각 그룹의 아이들에게는 어떤 변화가 생겼을까? 드웩 교수는 이를 알아보기 위해 다음 실험을 진행했다. 두 그룹에게 쉬운 문제와 어려운 문제를 제시하면서 어떤 것을 풀겠냐고 질문을 던졌다. 아이들의 반응은 극명하게 갈렸다.

노력을 칭찬받은 아이들의 90%는 어려운 문제를 선택한 반면, 지능을 칭찬받은 아이들은 대부분 쉬운 문제를 택했다. 노력을 칭찬받은 아이들은 더 열심히 하는 모습을 보여주기 위해 어려운 문제를 택한 반면, 지능을 칭찬받은 아이들은 자신이 똑똑하다는 것을 계속 보이고픈 욕망에 쉬운 문제를 고른 것이다. 괜히 어려운 문제를 선택했다가 틀리기라도 하여 자신의 지능이 낮게 평가되는 것을 두려워했던 것이다.

이런 방식의 칭찬들의 영향력은 의외로 컸다. 노력을 칭찬받은 아이들은 성적이 30%나 올랐고, 반면 지능을 칭찬받은 아이들은 오히려 20%나 떨어졌다. 게다가 더 심각한 것은 지능을 칭찬받으며 지능의 힘만 믿고 자라난 아이들은 중학생이 되자 성적이 더욱 떨어지면서 회복 불능 상태에 빠져버리기도 했다. 이처럼 공부는 지능에 의존하거나 지능만을 믿고 게을리했다가는 나중에 큰코다치기 십상이다. 공부는 결국 노력이다. 힘들더라도 더 어려운 과업에 도전하려는 자세로 노력하는 자만이 열매의 단맛을 만끽할 수 있다.

피그말리온
효과

피그말리온 효과는 그리스신화에 나오는 조각가 피그말리온의 이름에서 유래한 심리학 용어다. 다른 말로 로젠탈 효과, 자성적 예언, 자기 충족적 예언이라고도 한다. 조각가였던 피그말리온은 아름다운 여인상을 조각하고, 자신이 만든 여인상의 미모에 반해 사랑에 빠져버린다. 여신 아프로디테는 그의 극진한 사랑에 감동해 여인상에 생명을 불어넣어 주었다. 그의 지극한 사랑이 돌덩이에 불과했던 조각상에 생명을 불어넣었던 것이다. 이처럼 타인의 기대나 관심을 받아 능률이 오르거나 결과가 좋아지는 현상을 피그말리온 효과라고 한다.

피그말리온 효과는 공부에도 적용된다. 1968년 하버드대학교 사회심리학과 교수인 로버트 로젠탈(Robert Rosenthal)과 미국에서 20년 이상 초등학교 교장을 지낸 레노어 제이콥슨(Lenore Jacobson)은 미국 샌프란시스코의 한 초등학교에서 전교생을 대상으로 지능검사를 시행했다. 그러고 나서 검사 결과에 상관없이 무작위로 20% 학생을 뽑아 교사에게 '이 학생들은 특별히 지적 능력이 뛰어나다'라고 거짓으로 알려주었다.

8개월 뒤 성적을 확인해보니 놀랍게도 지적 능력이 뛰어나다고 말해주었던 학생들의 평균 점수가 다른 학생들보다 훨씬 높게 나왔다. 이 연구 결과는 교사나 부모님이 학생에게 거는 기대가 클수록 실제 학생의 성적이 높아질 수 있다는 사실을 알려주고 있다. 아이큐보다는 주변에서 나를 지지하고 관심을 가져주는 게 성적을 높이는 하나의 비결로 보인다.

시냅스의 가소성,
뇌과학에서 말하는 재능의 후천성

우리 뇌에는 최소 1천억 개의 뉴런이 있고, 이 뉴런들은 다시 100조 개의 시냅스 연결을 만들어낸다. 우리가 어떤 사물을 바라보거나 행동을 할 때도 뇌에서는 수천만 개의 시냅스가 관여한다. 그런데 이러한 시냅스의 변화에는 가소성이라는 성질이 있어서 경험이나 학습에 의하여 변화한다. 여기서 중요한 것은 시냅스의 '가소성'이다. 가소성이라는 것은 말랑말랑한 찰흙을 우리가 손으로 꾹 누렸을 때 원상태로 돌아오지 않고, 손으로 누른 변화된 상태 그대로 굳어지는 성질을 말한다.

즉, 어떤 것을 계속 훈련할수록 뇌가 그 분야의 시냅스를 강화시켜 그 일을 더 잘하게 되는 성질이 가소성이다. 시냅스의 가소성이라는 특징 때문에 우리는 어떤 것을 학습하고 연습하는 만큼 그 일을 더 잘할 수 있다.

예를 들어, 수영이나 야구 연습을 많이 하면 할수록 실력이 점점 더 좋아지고 더 잘하게 된다. 이는 시냅스의 관점에서 보면 수영이나 야구에 관련된 시냅스가 많이 형성된 것이다. 시냅스가 더 많이 형성될수록 그 일을 더 잘하게 되고, 또한 흥미가 생겨난다.

황농문 교수 또한 그의 책 ≪공부하는 힘≫에서 재능은 선천적으로 타고나는 것이 아니라, 후천적인 노력에 의해 만들어지는 것이라고 말한다. 재능이 뛰어나다는 말은 뛰어난 재능을 발휘할 수 있도록 많은 시냅스가 배선되었다는 것을 뜻한다. 아이 뇌의 시냅스는 만 3세가 되면 어른보다 2배가 많이 생성된다. 이후 시냅스의 양은 성인이 될 때까지 서서히 감소한다. 불필요하거나 사용이 거의 없는 시냅스는 폐기하고, 사용 빈도가 높은 시냅스만 남아 계속 강화되고 발달된다.

태어날 때 시냅스가 많은 이유는 어떠한 재능이라도 발달시킬 수 있는 우리의 무한한 가능성을 열어두기 위해서다. 재능이 태어날 때 확정된 것이 아니라, 태어난 이후에 어릴 때부터 사용빈도가 높은 시냅스들이 발달하면서 재능이라는 게 만들어지는 것이다. 모차르트는 타고난 음악 신동이 아니라, 어릴 때부터 많은 음악을 듣고 연습하면서 음악에 대한 시냅스가 강화된 것이다. 이런 시냅스의 강화가 그를 음악 천재로 만든 것이다.

05 기적의 기억법

지금 흘린 침은 내일 흘릴 눈물이 된다.

학습동기가 강할수록
기억도 강화된다

무엇을 잘 기억하느냐, 기억하지 못하느냐는 기억하려고 하는 동기가 강한가 약한가에 따라 결정된다. 필요에 의해서 반드시 기억해야 하는 것은 더 잘 기억될 수밖에 없다. 장승수 씨는 고등학교 때 선생님의 몽둥이가 무서워 세 페이지가 넘는 ≪상춘곡≫이라는 가사를 단몇 십분 만에 다 외웠다. 우리 뇌는 적당한 압박을 좋아한다. 정신의학자들은 이를 적정한 긴장(Optimum Tension)이라 부른다.

절박함을 느끼는 만큼 공부가 더 잘 된다. 간절함이나 절박함과 같은 강한 동기가 기억의 원동력이 되는 것이다. 자장면 집 주인이 그 많은 손님들의 주문 내용을 척척 기억하거나 연극배우가 2시간 분량의 대사를 전부 암기할 수 있는 것도 모두 간절함과 절박한 마음이 동기부여를 확실히 만들어냈기 때문이다.

기억의 거인으로 기네스북에 오른 에란 카츠도 탁월한 기억력의 비밀은 '강력한 동기부여'라고 말했다. 무언가 간절하고 절박하게 느껴질수록 더 많은 노력을 하는 것은 당연하다. 공부할 때도 마찬가지다. 스스로 절박하게 동기부여를 하면 같은 시간에 보다 높은 집중력을 발휘하게 되어 공부 효율을 2~3배 높일 수 있다.

친구와 제한 시간을 두고 영어 단어 빨리 외우기 시합을 하거나, 일주일 동안 계획한 공부량을 다 채우면 평소 먹고 싶었던 피자를 한 판 시켜 먹겠다는 식으로 자신과 약속을 하는 것도 동기부여의 한 방법이다. 어떤 형태로든 동기가 강력할수록 집중력이 좋아지고 기억도 강화된다.

오감을 활용하라

기억을 더 잘하기 위해서는 우리의 감정을 최대한 많이 동원하는 것이 유리하다. 파인애플을 단순히 보기만 한 것보다 냄새를 맡고 만져보고 먹어보면 훨씬 더 기억이 잘 된다. 입력되는 자극이 여러 가지

일수록 기억이 더 강화되는 것이다. 공부를 할 때도 어떤 것을 외워야 한다면, 단순히 눈으로 보는 것에 그치지 말고 큰 소리로 읽거나 손동작을 가미하는 등 가능한 많은 감각을 동원하면 더 잘 외워진다. 다양한 감각이 입력되면 두뇌의 많은 부위가 활성화되면서 더 쉽게 외워지고 더 잘 기억된다.

연극배우들은 5페이지가 넘어가는 긴 대사도 곧잘 외운다. 단순히 글자를 보고 기계적으로 외우는 것이 아니라, 주어진 장면을 실제 상황이라고 상상하면서 온 감정을 총동원해 외우기 때문이다. 또한 가만히 앉아서 대사를 외우는 것이 아니라, 몸을 움직이고 손을 휘젓는 등 최대한 많은 감각들을 동원한다. 주변의 상위권 학생들을 유심히 살펴보면 연극배우처럼 공부하는 학생들을 종종 볼 수 있다. 큰 소리로 외우기도 하고, 손을 움직이기도 하며, 거울 앞에 서서 온몸을 움직여가면서 공부하기도 한다.

초두 효과와 최근 효과

공부할 때 가장 먼저 입력된 정보가 기억이 잘 된다는 초두 효과(primacy effect)와 가장 마지막에 입력된 정보가 잘 기억된다는 최근 효과(recent effect)를 얻을 수 있도록 공부시간을 쪼개는 게 효과적이다. 우리의 기억은 공부를 시작할 때와 끝마칠 때 가장 강하게 작동한다. 따라서 공부의 시작과 끝을 많이 만들수록 유리한다. 만약 공부시간이 2시간 주어졌다고 하면, 한 과목을 2시간 동안 쭉 이어서 하는 것보다 4과목을 30분씩 나누어 하는 것이 훨씬 기억하기 수월하다. 4번에 나누어 공부하면 초두 효과와 최근 효과가 4번이나 생기기 때문이다.

No pain, No gain!

흔히 사람들은 어떤 내용을 여러 번 접하면 머릿속에 새길 수 있다고 말한다. 맞는 말이기는 하지만 여기에도 함정은 있다. 단순하고 편안하게 반복하는 행위는 기억을 강화하지 못한다. 쉽게 배운 것은 쉽게 잊히고, 어렵게 배운 것일수록 머릿속에 오랫동안 깊이 남는다.

고통이 없으면 얻는 것도 없다는 "No pain, No gain"이란 서양 속담처럼 배우는 과정이 너무 쉬우면 얻는 것도 신통치 않다. 충분히 머리를 쓰고 시간을 써서 온몸으로 힘들게 익혀야 정보를 내 것으로 만들 수 있다. 자기 스스로 공부할 시간도 없이 학원만 기웃거리는 학생들이 많다. 이런 식으로 학교에서도 학원에서도 듣는 공부만으로 하루를 채우면 공부가 내 것이 되지 못한다. 열심히 듣고 있으면 머릿속에 쏙쏙 잘 기억되는 것 같고, 공부를 충분히 많이 한 것 같지만 이건 대단히 잘못된 착각일 뿐이다. 공부는 스스로 읽고 생각하고 고민

할 때 진짜 공부가 되는 것이다.

우리 뇌는 몸무게의 2% 정도의 1.4kg밖에 안 되는 무게에도 생존에 필요한 총 에너지의 20% 이상을 소비한다. 최소 1천억 개의 뇌세포(뉴런)와 100조 개에 달하는 뉴런 접합부 시냅스를 가지고 있다.

캘리포니아대학교에서 사망자 20명의 뇌를 연구하여 흥미로운 실험 결과를 발표했다. 오랫동안 공부한 대학생이 중도에 학교를 그만둔 학생보다 뇌의 신경망이 눈에 띄게 빽빽하다는 것이다. 그뿐만이 아니었다. 성적이 좋은 학생이 보통 성적의 학생보다 신경망이 더 촘촘했다. 뇌 연구를 통해 확인할 수 있는 사항은 더 많이 공부하고 노력한 사람이 더 촘촘한 신경망을 구축했고, 덜 공부한 사람이 덜 촘촘한 신경망을 가지고 있다는 것이다. 이는 위에서 언급한 세상의 진리와도 일치한다. No pain, No gain! 즉, 노력하지 않으면 성과도 없다.

몸을 움직이면
기억이 잘 된다

걷거나 몸을 움직이면서 공부하는 것도 기억에 더 유리하다. 노이스 교수 부부는 연극배우들을 대상으로 한 가지 실험을 했다. 참가자들에게 동작을 동반하는 장면과 동작이 없는 장면의 대사를 각각 암기하도록 했다. 실험 결과는 흥미로웠다. 전체 대사를 100으로 봤을 때 동작과 대사를 동반한 경우 58.6%를 기억했고, 대사만 있는 경우에는 27.6%만 기억했다. 단순히 대사만 외우는 것보다 몸을 움직이면서 대사를 외우는 것이 2배 정도 더 효과가 있다는 결론이다.

옛날 서당에서는 '하늘 천, 따 지'의 천자문을 공부할 때 이리저리 몸을 흔들면서 외웠다. 중국 학생들도 대부분 이런 방식으로 공부한다. 이는 과학적인 근거가 있다. 몸을 움직이면 두뇌에 산소 공급이 원활해져서 두뇌 활동이 활발해진다. ≪레미제라블≫의 작가 빅토르 위고는 서서 글을 썼고, 모차르트도 걸으면서 작곡을 구상한 것으로 알려지고 있다.

스트레스는
기억의 적

중립적인 기분, 부정적 기분, 긍정적 기분 상태에서 단어를 외우게 하는 실험을 했다. 실험 결과는 뚜렷했다. 긍정적 기분이었을 때 중립적이거나 부정적 기분이었을 때와 비교해 기억력이 50% 더 좋았다.

우리 뇌는 행복하고 즐거웠던 감정을 더 잘 기억하도록 설계되어있다. 실제로 경험해본 학생은 잘 알겠지만, 화나고 기분 나쁜 상태에서는 공부를 해도 잘 기억되지 않는다. 이럴 때는 마음이 차분히 가라앉을 때까지 휴식을 취하고, 나중에 편안한 상태에서 더 열심히 공부하는 게 낫다. 반면 기분이 좋고 즐거운 마음 상태에서는 학습능률이 평소보다 더 높아진다. 즉, 공부는 기분이 좋고 마음이 편한 상태에서 해야 효과적이다.

스트레스나 정신적 충격은 일시적인 기억상실을 경험할 정도로 두뇌에 나쁜 영향을 미친다. 스트레스를 받으면 우리 뇌는 비상 상황을 선포하고 신장 위쪽에 있는 부신에 신호를 보내 스트레스 호르몬인 코르티솔을 분비한다. 이 물질은 다시 대뇌에까지 올라가서 해마의 뇌세포를 공격하기 시작한다. 이로 인해 스트레스를 심하게 받으면 기억력이 급격히 떨어지게 되는 것이다.

따라서 수험생이라면 가능한 스트레스 환경을 피하는 게 좋다. 가족관계나 친구관계가 원만해야 하고, 1주일에 한 번 정도는 야외활동이나 영화를 관람하는 등 일상의 스트레스를 푸는 방법 한두 가지는 가지고 있는 게 좋다. 공부 외에는 잡다한 신경을 쓰지 않도록 가족들이 도와주는 것도 수험생에게는 큰 도움이 된다.

기억은
질서 있는 분류와 정리를 좋아한다

학습한 내용이 많아질수록 머릿속은 넘쳐나는 정보로 복잡해지기 시작한다. 머릿속에 아무렇게나 구겨 넣어진 학습내용은 나중에 인출이 어려워 쓸모없는 정보가 되기도 한다. 생각해보자. 한 사람이 공부를 정말 많이 하여 책상 위에 공부한 메모만 수천 장이 널려져있다. 막상 원하는 자료를 찾으려고 하면, 정리가 되어 있지 않기 때문에 찾을 길이 없다.

분류되고 정리되지 않은 메모는 아무짝에도 쓸모가 없다. 오히려 책상만 어지럽힐 뿐이다. 우리 뇌도 마찬가지다. 머릿속에 제대로 분류되어 엮어진 정보만이 인출이 가능하다. 정리되지 않고 뒤죽박죽 무작정 입력된 정보는 머리만 복잡하게 만들 뿐이다.

이와 관련해 EBS에서 한가지 실험을 했다. 학생들을 상위권 학생과 일반학생 두 그룹으로 나누어 단어 암기 테스트를 했다. 두 그룹에게 똑같이 100장의 단어를 보여주고 기억나는 것을 적으라고 했다. 일반학생들의 평균은 23점이 나왔다. 반면 상위권 학생들의 평균은 이보다 2배가량 높은 46점이나 나왔다.

이런 차이는 어디서 나오는 것일까? 답은 분류하고 정리하는 능력에 달려있었다. 일반학생들은 주어진 단어를 무작정 외운 반면에, 상위권 학생들은 모두가 일정한 틀이나 규칙을 만들어 유사한 단어끼리 묶어서 암기했던 것이다. 예를 들어, 상위권 학생들은 사과, 식탁, 배, 의자, 소파, 바나나, 장롱, 오렌지라는 단어를 따로따로 하나씩 외운 게 아니라 다음과 같이 분류해서 외웠다.

- 과일: 사과, 배, 바나나, 오렌지
- 가구: 식탁, 의자, 소파, 장롱

이렇게 분류하면 머릿속이 깔끔하게 정리가 되면서 기억이 훨씬 쉬워진다. 전문가들은 이런 분류와 정리를 정보의 범주화라고 부르기도 한다.

정리해보자. 우리 기억은 막무가내로 흐트러져있는 무질서하고 혼잡한 상태를 좋아하지 않는다. 기억은 질서 있게 잘 분류되고 정리된 상태, 즉 범주화가 잘 이루어진 상태를 좋아한다. 상위권 학생들이 단권화 노트를 만드는 이유도 여기에 있는 것이다. 여기저기 흩어져 있는 정보들을 한곳에 끌어 모아 기억하기 쉽게 정리하고 분류한 것이 단권화 노트이다.

벼락치기 공부는 밑 빠진 독에 물 붓기

평소에 꾸준히 조금씩 그리고 시간 간격을 두고 반복해서 하는 공부가 제대로 뇌에 기록되고 오래 지워지지 않는다. 이것이 제대로 된 공부이다. 반면 벼락치기 공부는 한순간 우격다짐으로 정보를 머릿속에 밀어 넣는 것이다. 그런데 유감스럽게도 이렇게 밀어 넣은 공부는 절대 오래가지 않는다. 복습이 생략된 공부는 장기기억으로 전환되지 않기 때문이다. 벼락치기는 폭식과 같다. 당장에 배는 부르고 먹은 것은 많지만 제대로 소화되는 것은 적고, 대부분이 다시 몸 밖으로 나와 버린다.

실제로, 1978년 한 연구에서 벼락치기 공부가 당장의 시험에는 높은 점수를 얻을 수도 있지만 떠올리기와 같은 인출 연습에 비해 결과적으로 쉽게 망각한다는 것을 밝혀냈다. 첫 시험을 치르고 이틀 후에 두 번째 시험을 본 결과, 벼락치기로 공부한 학생은 50%를 망각한 반면, 인출 연습한 학생은 13%만 망각했다.

너무 낮지도 높지도 않은 난이도의 공부가 실력을 높인다

미국 미시간대 경영학과 노엘 티치 교수는 우리가 하는 일에는 3가지 영역이 있다고 말했다. 안전 영역, 성장 영역, 공황 영역이 그것이다. 안전 영역은 이미 내가 잘할 수 있고 익숙한 것들이라 스트레스가 전혀 없다. 젓가락질이나 양치질 같은 것이 안전 영역에 속한다. 반면에 공황 영역은 너무 어려워서 감히 실행할 엄두가 나지 않고 생각만 해도 패닉 상태에 빠진다. 수영을 할 줄 모르는 사람에게 맨몸으로 한강을 건너라고 하는 것이 공황 영역에 속한다. 마지막 성장 영역은 안전 영역과 공황 영역의 사이에 위치한다. 너무 쉽지도 않고 너무 어렵지도 않아 열심히 노력하면 해낼 수 있는 것이 성장 영역에 속한다. 사람들이 성장하고 발전하는 것은 바로 이 성장 영역에 속하는 행동을 할 때라고 노엘 티치 교수는 강조한다.

학습에도 노엘 티치 교수가 말하는 이론은 그대로 적용된다. 학습 과제가 너무 쉬우면 아무리 많은 공부를 한다고 해도 성장이 없다. 영어가 유창한 학생이 초등학교 영어책을 많이 읽는 것은 제대로 된 공부를 했다고 말할 수 없다. 반면에 난이도가 너무 높으면 공부 의욕이 단번에 꺾여버린다. 시작도 하기 전에 공부가 싫어지고 금방 포기하게 된다.

따라서 공부는 항상 자신의 능력에 맞는 적당한 난이도의 과제를 가지고 하는 게 중요하다. 자신의 능력에 맞는 적당한 난이도라는 것은 현재 내 능력보다 아주 조금 더 어려운 것을 말한다. 이렇게 난이도를 아주 조금씩 높여가면서 하는 공부는 해냈다는 성취감을 느끼게 하고, 공부의 재미와 흥미를 유지시켜주기도 한다.

즉, 태권도를 배울 때 노란 띠에서 파란 띠, 빨간 띠로 단계를 올리는 것처럼 공부도 한 계단 한 계단씩 난이도를 조금씩 올리면서 하는 게 가장 효과적이다.

약간의 어려움, 즉 바람직한 어려움은 학습에 분명 도움이 되고 나의 성장을 촉진시킨다. 하지만 감히 뛰어넘기 어려운 커다란 장애물은 분명 바람직하지 못하다. 바람직한 어려움은 학습자가 충분히 노력했을 때 극복할 수 있는 정도이다.

적극적으로
공부하라

적극적이야말로 효율적인 공부의 관건이다. 자신은 공부를 열심히 한다고 생각하는데, 공부 효과가 제대로 나오지 않는 이유는 책에 적힌 글을 그저 수동적으로 쳐다만 보기 때문이다.

공부는 수동적이 아니라 능동적으로 해야 한다. 큰 소리로 읽고, 다른 사람을 가르치고, 핵심 내용을 자신의 말로 다시 적어보고, 그림을 그려서 이미지로 저장하고, 공부한 내용을 머릿속으로 떠올려보는 것이 적극적인 공부 방법이다.

수동적인 공부는 시간 대비 효과가 나오지 않는 비효율적인 공부라는 것을 명심하자. 당장에는 시간이 좀 더 걸리고 느린 것처럼 보이더라도 능동적이고 적극적인 방식으로 공부하는 것이 궁극적으로 학습 효과를 높이는 길이다.

생활 속
기억력 높이는 방법

중앙일보 기사 〈톡톡에듀〉 코너에서는 "생활 속 기억력 높이는 7가지 방법"을 공개했다. 그중 공부하는 학생이 알아두면 도움이 될만한 5가지를 옮겨본다.

1. 운동하라

   학습 후에 운동은 배운 내용이 머리에 남게 하는데 도움을 준다. '최신 생물학' 2016년 6월 호에 실린 논문에 따르면 학습 4시간 후에 유산소운동을 하면 연상기억이 좋아진다고 밝혔다.

2. 스스로 시험을 치라

   스스로 문제를 내고 푸는 일을 반복하라. 다른 모든 방법보다 효과가 좋다. 2011년 1월 사이언스에 발표된 결과에 따르면 이 방법은 다른 모든 적극적인 학습법을 앞서는 성적을 나타냈다.

3. 휴식을 취하라

   규칙적으로 짧은 휴식을 취하라. 외국어 단어든 역사 연표든 휴식이 있어야 새로운 기억이 자리를 잡는다. 휴식시간에는 방금 공부한 것과 전혀 다른 분야의 뇌세포가 활성화되어야 한다.

4. 공부 후에는 잠을 자라

   새로운 사실이나 기술을 배운 직후에 잠을 자면 뇌가 기억의 흔적을 강화하는 데 도움이 된다. 다음날 시험이 있다면 특히 그렇다.

5. 시험 직전에 껌을 씹어라

시험 5분 전에 껌을 씹으면 시험 시작 후 최초의 15~20분간 증진 효과가 있다. 씹는 근육의 운동이 뇌를 자극하는 것으로 생각된다. 하지만 시험 도중에 씹으면 주의가 분산돼서 효과가 없다.

**건망증은
왜 생기는 것일까?**

우리의 일상에서 건망증이 생기는 이유는, 그 일에 관심을 두지 않고 집중하지 않았기 때문이다. 무언가를 하면서 그 일에 집중하지 않고 딴생각을 했기 때문에 건망증이 생기는 것이다. 예를 들어 핸드폰을 어딘가에 올려놓을 때 핸드폰 위치를 생각하지 않고 딴 생각에 빠져있으면, 나중에 핸드폰을 어디에 두었는지 기억해내지 못한다. 그렇다면 건망증을 줄이는 방법은 무엇일까? 그 해법은 간단하다. 그것은 바로 무언가를 할 때 2~3초간만 집중하면 된다. 보통의 건망증은 기억을 잊어버리는 것이 아니라, 입력 자체를 제대로 하지 않아서 기억 자체가 없는 것이다. 그러니 한 가지 일을 하면서 딴생각에 빠지지 말고, 그 한 가지에만 집중하는 습관을 들이면 건망증을 확실히 줄일 수 있다.

PART 3

상위권 도약을 위한
궁극의 공부법

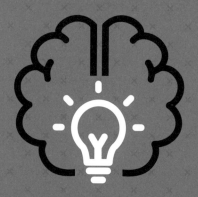

01 학습 동기와 목표를 찾는 게 우선이다

배운다는 것은 물살을 거슬러 노를 젓는 것과 같다.
중지하면 뒤로 밀려난다.
– 벤저민 브리튼

　공부를 잘하고 지속할 수 있는 추진력을 얻으려면 '왜 공부를 해야 하는지'를 스스로 깨쳐야 한다. 동기부여가 공부의 필수조건이다. 미래에 대한 꿈이 있는 학생이라면 이미 동기부여가 충분한 상태다. 자신의 꿈을 이루기 위해 오늘의 고통을 참아가며 공부할 자세가 되어 있을 테니 말이다.

　외교관이 꿈이라면 외무고시에 합격한 순간을 그리면서 공부 자극을 북돋울 수 있다. '반에서 1등 하겠다' 또는 '홍길동 학생을 따라잡고 말겠다'라는 것도 단기적이지만 충분한 동기부여를 불러올 수 있다. 눈앞에 확실한 과녁을 찾았으니 어찌 되었건 그 과녁을 관통하려 노력할 것이기 때문이다.

동기부여가 확실한 학생은 공부를 즐겁게 한다. 마지못해 책상 앞에 앉아 있는 학생보다는 당연히 더 많은 집중과 효율을 낼 수밖에 없다. 동기부여가 되지 않으면 자발적이 아니라 의무적으로 공부를 하기 때문에, 공부가 즐겁지 않고 심지어는 고통스럽게 느껴지기도 한다.

동기부여가 이루어지면
이미 절반은 성공이다

중앙일보 ≪열려라 공부≫의 공부의 신 프로젝트팀은 서울시 청소년 1,000명을 대상으로 설문조사를 실시했다. "왜 공부를 하는가?"라는 질문에 대해, 67%의 학생들은 '먹고살기 위해서'라고 답했고, 18%는 '자신의 꿈과 목표를 이루기 위해서', 나머지 15%는 '엄마가 시켜서' 등의 반응을 보였다. 단지 18%의 학생만이 공부를 해야 하는 이유를 분명하게 알고 있었다.

또한 상위권 학생들은 확실한 공부 동기를 가지고 공부했는지를 알아보기 위해, 서울대 합격생 500명을 대상으로 설문을 했다. 500명 중 73%의 학생들이 공부를 해야 하는 이유를 알고 공부했기에 서울대에 합격할 수 있었다고 답했다. 그들은 공부를 왜 해야 되는지 알기 위해 스스로에게 자문하고 주변 사람들에게 물었다고 한다. 또한 공부를 잘했던 선배들은 어떤 마음가짐으로 공부했는지 알기 위해 형이나 언니, 삼촌들과 대화를 나누었다고 한다.

위에서 살펴본 바와 같이 상위권 학생과 일반학생들은 동기부여에서부터 극명한 대조를 보인다. 상위권 학생의 대다수는 공부를 해야 하는 이유가 분명한 반면, 일반학생들은 대부분 공부 이유를 찾지 못한 채 고등학교 3년을 마감하고 만다. 학습동기가 부여되지 않으면 추진력이 발생되지 않는다. 반짝 공부를 하는가 싶다가도 금세 또다시 포기해버린다. 공부를 해야 할 이유가 분명하지 않기 때문이다. 반면, 동기의식이 뚜렷하면 어렵고 험난한 역경에도 굴하지 않는 용기가 덤으로 생겨난다.

동기의식은 망망대해를 운행하는 선박의 등대와도 같은 것이다. 한때 방향 키를 잘못 잡았더라도 올바른 길을 안내하는 나침반이 되어주기도 한다. 공부 초기에 확고한 동기가 부여되어있다면 첫발부터 절반의 성공이 보장된 것이나 마찬가지다. 수많은 좌표 중에 내가 항해해야 할 한 점이 명확히 그려진 것이기 때문이다.

이처럼 공부를 이끌어가는 힘은 동기에서부터 시작된다. 동기라는 것은 어떤 일을 시작함에 있어서 그 일이 비록 힘들고 어렵더라도 지속적으로 해내게 하는 심리적인 원동력이다. 공부에서 특히 강조하는 동기는 외적인 보상이나 체벌이 아니라 스스로의 만족감이나 흥미가 유발되는 내재적 동기를 말한다.

남들에게 잘 보이기 위한 외재적 동기보다는 학습 자체가 즐거워지는 내재적 동기를 찾는 게 좋다. 몰랐던 것을 알아가는 것이 좋아서 라든가, 내 꿈을 이루기 위한 수단으로 공부가 꼭 필요하다는 등의 내재적 동기를 찾으면 꾸준한 추진력을 유지할 수 있다. 반대로 공부를 안 하면 혼나기 때문에, 아빠가 성적이 오르면 원하는 것을 사준다고 했기 때문에 등의 외재적 동기는 공부를 꾸준히 지속시키기 어렵다.

롤모델을
찾아라

또 다른 동기부여 방법으로 전문가들은 자신이 닮고 싶은 롤모델을 정하라고 조언한다. 스티브 잡스나 정주영 회장 같은 성공자를 롤모델로 삼는 것도 좋지만, 하루 종일 곁에서 지켜보고 배울 수 있는 반에서 일등 하는 친구를 롤모델로 삼는 것이 더 좋다. 롤모델이 선정되면 그 친구의 행동과 생활태도를 그대로 따라 해보고 좋은 점은 닮아 가려고 노력하면 된다.

롤모델의 일거수일투족을 그대로 따라 하다 보면 어느새 자신이 그 친구와 비슷하게 열심히 공부하고 있는 모습을 발견하게 될 것이다. 롤모델을 따라 하는 게 별것 아닌 것처럼 보일지 몰라도, 실제로 해 보면 놀라운 성과가 있음을 알게 될 것이다. 앞서 소개한 전교 300등을 하다가 서울대에 합격한 김홍렬 군이 그랬고, 소위 말하는 문제아에서 서울대에 합격한 문종철 군이 이 방법으로 공부습관을 몸에 익혔다.

작은 성과에도
스스로를 칭찬하라

학습동기를 지속적으로 유지하기 위해서는 작은 성과에도 보상을 하는 것이 좋다. 예를 들면, 스스로의 어깨를 토닥이거나, 평소 즐기는 노래를 한 곡 듣는 것이다. 보상은 여러 날 쌓아두었다가 한 번에 하는 것 보다는, 작은 보상을 가능한 즉각적으로 하는 것이 더 효과적이다.

학습법의 대가 세바스티안 라이트너는 말한다. "자신에게 보상을 주는 가장 확실하고 위험이 적은 방법은 스스로에 대한 칭찬이다. 작은 성공을 거두었을 때마다 스스로 어깨를 두드리며 칭찬하는 것은 돈도 안 들며 몸도 망치지 않는 방법이다." 스스로를 토닥거릴 수 있는 작은 성공의 경험이 쌓이면 공부가 즐겁다는 것을 느끼기 시작한다. 그러니 끊임없이 자신을 칭찬하는 것이 좋다.

공부의 시작은
목표를 정하는 것으로부터

공부의 시작은 목표를 정하는 것이다. 목표의식이 없다면 공부를 끝까지 이어갈 추진력이 지속되지 않는다. 조금이라도 힘들면 중간에 그만둬버린다. 예를 들어 부산에 살고 있는 어린 아들이 걸어서 서울에 있는 엄마를 찾아가겠다는 목표의식이 있는 것과 아무 목적지도 없이 길을 나서는 것의 결과는 천지차이다. 서울까지 가겠다는 목표의식이 있으면 중간에 길을 잘못 들어도 다시 올바른 길을 찾아간다. 걷는 것이 힘들고 고통스러워도 엄마를 찾기 위해 서울에 도착하고야 말겠다는 목표의식이 중간에 포기하는 것을 막아준다. 하지만 아무 목적도 없는 여행은 힘이 들면 금방 포기해버린다. 내가 가는 길이 과연 옳은 길인지 매번 의심해야 하고, 여행이 흥미롭지도 않다.

말을 물가에 데려갈 수는 있어도 억지로 물을 먹일 수는 없다. 공부는 누가 시킨다고 억지로 할 수 있는 성질의 것이 아니다. 자발적인 동기부여와 목표의식이 생겨날 때에라야 비로소 배움의 참맛을 알아가면서 스스로 흥미롭게 공부해 나갈 수 있다. 미국의 유명한 팝 가수를 만나겠다는 일념 하나로 영어에 미쳐살다가 유창한 통역사가 된 사람이 있는가 하면, 지질한 가난의 굴레를 내대에서 끊겠다는 일념 하나로 공부를 시작해 서울대에 합격한 사람도 있다. 남들이 봤을 땐 별것 아닌 것처럼 보이지만 자신에게는 절박한 목표가 있었기에 원하는 바를 이룰 수 있었던 것이다. 내 꿈이 확고할 때, 즉 공부를 위한 최종 목적지가 어디인지 확실히 알고 있을 때, 공부를 향한 노력과 인내가 꿈을 향한 소중한 과정임을 절감할 수 있다.

목표가 뚜렷하면
한 곳에 초점이 모아진다

EBS 《공부의 왕도》 제작팀에서는 최상위권 학생들의 공부비법을 분석했다. 제작팀은 공부비법을 딱 두 가지로 압축할 수 있었다고 하는데, 그중 한 가지가 바로 목표이다. 최상위권 학생들은 공부를 잘하고 싶다는 목표가 있었다. 그저 막연한 바람이 아닌 전교 1등, 전 과목 1등급, 서울대 혹은 의과대학 입학과 같은 구체적인 목표이자 욕심이 있었다.

전교 300등 하위권이던 학생이 어느 날 책상 앞에 '서울대'를 써 붙이고 공부를 시작해 곧바로 전교 100등 진입에 성공했다. 그리고 마침내 상위권에 진입하고 서울대라는 목표도 이루어냈다. 처음에는 주변의 비웃음과 시선이 따가웠다. 하지만 공부를 잘하고 싶은 욕심과 서울대라는 구체적인 목표가 있었기에 참아낼 수 있었다고 말한다.

서울과학고등학교와 서울대를 졸업하고 현재는 조선 에듀 진학 큐레이션 센터에서 센터장으로 활동하고 있는 이병훈 센터장은 공부를 시작함에 있어 무엇보다 목표를 먼저 세우라고 강조한다. 이는 실제 그의 경험에서 나오는 목소리다. 그가 중2 때 선생님께서 과학고에 도전해보라고 했다. 과학고가 있다는 사실조차 몰랐던 그에게는 선생님의 권유가 다소 어려운 목표처럼 보였다. 하지만 한번 해보자는 생각을 굳히게 된다. "목표를 세우니까 정말 눈에 뵈는 게 없더라고요. TV, 인터넷, 잠, 여자친구 등등 그런 것들이 전혀 눈에 들어오지 않았어요. 저는 공부하는 머신이었습니다." 목표가 뚜렷해지니 그저 그 목표를 향한 공부하는 머신이 되어버린 것이다. 자신을 둘러싼 모든 욕망이 사라지고 그저 미친 듯이 공부에만 몰입했다. 그는 그렇게 과학고에 합격했다.

황농문 교수는 그의 책 ≪몰입≫에서 목표를 설정하는 것은 어렵지 않다고 말한다. 개인의 의도에 따라 얼마든지 자신에 맞는 목표를 찾을 수 있다고 강조한다. 공부할 때 일등을 목표로 설정했다고 하면, 그 목표 설정만으로도 공부하는 행위에 의미가 만들어진다. 일등을 하겠다는 목표를 계속 새기다 보면 이에 관한 시냅스의 수가 증가하고 강화된다. 그러면 평소 즐기던 TV나 게임에 대한 부정적인 감정이 만들어진다. 이것들은 자신이 설정한 목표를 방해하기 때문이다. 또는 공부하는 행위 자체가 긍정적인 감정으로 나타난다. 내가 설정한 목표에 부합하기 때문이다. 이런 감정들을 경험하다 보면 자신도 모르게 TV와 게임을 멀리하게 되고 공부가 즐거워진다고 한다.

이처럼 목표가 분명하면 불필요한 행동들이 한순간에 정리된다. 태양빛의 초점이 한곳에 모이면 종이를 태울 수 있으나, 흩어진 초점에서는 아무 일도 일어나지 않는다. 목표가 있고 없고의 차이가 이와 같다. 일단 어떤 것이든 간에 내가 설정한 뚜렷한 공부 목표가 있다면, 공부 이외의 모든 것은 불필요하다는 생각이 든다.

목표를 달성하기 위해서 TV, 인터넷, 이성친구는 목표 달성 이후로 미루는 절제의 힘이 저절로 생겨난다. 목표가 간절할수록 더욱 강력한 절제와 추진력이 나도 모르게 생겨난다.

미루는 습관, 집중력 결여, 동기 부족과 같은 문제의 핵심은 명확한 목표가 없기 때문이다. 명확한 목표가 없으면 공부가 제대로 지속되지 못한다. 공부보다는 주변의 유혹에 금방 휘둘리게 된다. 목표가 있으면 주변에 휘둘리더라도 다시 제자리로 돌아올 수 있으나, 목표가 없으면 한번 빠진 유혹에서 벗어나기 어려워진다.

목표가 정해지면 마음속에서 그 목표를 이루겠다는 강력한 동기가 부여된다. 필자의 아들은 이제 중학생이다. 최근에 아들은 삶의 꿈과 목표를 발견했다. 대한민국 최고 예능 MC가 되겠다는 것이 바로 그의 목표이다. 아들 녀석은 어려서부터 책을 많이 읽어서인지 유머감각과 재치가 뛰어난데, 아마도 이런 감각들이 그의 꿈을 만든 동인(어떤 일을 발생시키거나 현상 따위를 변화하게 하는 직접적인 원인)이 된 것 같다.

아들은 요즘 잘 나가는 전현무 씨를 롤모델로 삼았다. 놀랍게도 전현무 씨가 연세대를 졸업했다는 사실을 알고 난 후부터는 자발적으로 공부를 하기 시작했다. 아빠는 가끔 아들이 게으름을 피울 때 그의 꿈을 상기시켜주고, 효율적으로 공부할 수 있도록 공부법을 설명해주는 정도에 그치고 있다. 공부해라 말라 딱히 강요하는 것도 없다. 하지만 아들은 혼자서 도서관에 다니면서 스스로 공부를 한다. 이렇듯 사람들은 자신의 목표가 설정되면 이를 달성하기 위한 방법을 찾아가고, 롤모델을 찾기도 하는 등 동기부여가 자연스럽게 생겨난다.

목표가 사라지면
공부도 없다

대부분의 학생들은 대학에 진학하고 나면 1~2년간 공부는 뒷전이고 허송세월을 보내기 일쑤다. 뚜렷한 인생관이나 목표가 더 이상 존재하지 않기 때문이다. 고3 때까지는 대학 진학 자체가 목표인 경우가 많은데, 그것을 달성하고 난 다음에는 목표가 사라져버린다. 서울대생이라고 해서 별반 다를 게 없다. 고3 때 모든 것을 절제해가면서 치열하게 공부했던 학생들도 목표의 부재 앞에서는 더 이상 공부 수재가 아니다.

서울대에 입학한 공부의 신 강성태 씨도 대학생활 초반에는 공부 흥미를 잃었다고 한다. 그는 학사경고를 두 번이나 받는 등 성적 부진으로 학교에서 잘릴 위기까지 내몰리기도 했다. 대학 입학이라는 목표가 달성되고 난 뒤에는 더 이상 추가 목표가 없었기 때문이었다.

사람이 목표가 없으면 표류하기 마련이다. 목표가 없으면 일상의 허드렛일에 시간만 보내다가 인생이 끝나버린다. 그런 인생은 아무것도 남지 않는다. 목표는 인생에 의미를 부여하고 일상의 질서를 만드는 나침반이다. 인생을 낭비 없이 알차고 충만하게 살고자 한다면, 장기적이면서 근원적인 목표를 가져야 한다. 인생의 목표를 찾지 못하면 어른이 되어서도 불행한 삶을 살 수밖에 없다. 자신이 삶의 주인이 아닌, 남이 만들어놓은 테두리에 갇혀 그저 수동적인 삶을 살아가게 된다.

삶의 목표는 지하수를 끌어올리는 마중물과 같은 역할을 한다. 마중물을 한 바가지 붓고 펌프질을 하면 지하에 묻혀 있는 물을 무한정 끌어올릴 수 있다. 자신이 이미 가지고 있는 능력과 잠재력을 무한히 끌어낼 수 있다는 말이다. 하지만 그 한 바가지의 마중물이 없다면 그토록 무한한 지하수를 단 한 방울도 끌어올리지 못한다. 공부 초기에 세우는 목표도 별것 아닌 것처럼 보일지 몰라도, 그 목표가 있기에 나의 노력을 불태우고 꾸준한 추진력을 얻어내는 원동력이 되는 것이다. 목표의 중요성을 간과해서는 안 된다.

성취감이
공부를 지속시킨다

우연한 기회에 단 한 번의 성취감을 맛보고 나서 줄곧 상위권에 머물게 된 사례는 많다. 한 번의 짜릿한 성취감이 '나도 할 수 있다'는 자신감으로 연결되고 공부를 지속시키는 원동력으로 작용하게 된다. 한 학생의 이야기를 들어보자. "제가 공부에 어떤 남다른 능력이 있는 지, 정말 잘 몰랐습니다. 그러다가 중학교 때 월말고사를 보았는데 반에서 1등을 했습니다. 물론 아무도 예상치 못한, 나 자신도 기대하지 않았던 뜻밖의 결과였죠. 당시 저는 반에서 10~15등 정도 하고 있었거든요. 한번 1등을 하고 나니까, 그 짜릿한 맛을 정말 잊기가 어렵더군요. 그 후로는 재미가 나서, 신이 나서 공부할 수 있었습니다."

또 다른 학생도 비슷한 경험을 하고 마침내 서울대에 합격한 사례가 있다. 이 학생은 중학교 1학년 때 반에서 12등 정도의 중위권 성적을 유지하고 있었다. 학생의 이야기를 들어보자. "공부에 별로 흥미가 없었어요. 그러다가 중학교 2학년 때 우연히 시험을 한번 잘 봤어요. 그 후로 공부라는 것이 신기하기도 하고, 신나기도 하더군요. 공부에 재미를 들인 거죠. 그래서 내친김에 외국어 고등학교 준비를 했는데, 보기 좋게 떨어졌어요. 하지만 한번 들인 공부 맛은 영 놓기가 어렵더군요." 이처럼 한번 탁월한 성취를 맛보고 나면 그 성적을 유지하기 위해 꾸준한 노력을 하게 된다. '하면 된다'는 자신감을 얻은 것이다.

나쁜 습관은
지금 당장 잘라버려라

"넌 축구에 재능이 있고, 일류 선수로 성공할 가능성도 있지만 담배를 피우면 아무것도 될 수 없다. 90분 동안 경기장을 누빌 수 있는 건강과 체력을 유지할 수 없기 때문이다. 그러니 네 스스로 선택하거라. 만일 축구를 포기하고 계속 담배를 피울 생각이라면 이 돈으로 사서 피우도록 해라." 아버지의 이 말 한마디에 그는 당장 담배를 끊어버렸다. 그리고 오직 축구에만 전념했다. 시간이 지나 그는 세계적인 축구 선수가 되었다. 이는 브라질 축구 영웅 펠레의 이야기다.

내가 더 많은 것을 포기할수록 더 많은 것을 얻을 수 있다. 공부를 방해하는 다양한 나쁜 습관들을 더 많이 포기할수록 공부에 전념할 수 있는 절대시간을 더 많이 확보할 수 있다. 드라마도 보고, 게임도 즐기고, 친구와 매일 카톡으로 수다를 떨면서는 제대로 된 공부를 할 수 없다. 공부는 할 것 다하고 남는 시간에 하는 게 아니라, 마른 수건을 짜내듯이 없는 시간도 만들어서 해내는 게 공부다.

러시아의 대문호 톨스토이는 이런 말을 남겼다. "참으로 중요한 일에 종사하고 있는 사람은 그 생활이 단순하다. 그들은 쓸데없는 일에 마음을 쓸 겨를이 없기 때문이다." 절권도의 창시자이자 영화배우로 이름을 날렸던 이소룡도 비슷한 말을 한 적이 있다. "인생은 쌓아가는 게 아니라 없애 나가야 한다. 날마다 늘어나는 게 아니라 날마다 줄어드는 것이다. 수련의 최고 단계는 항상 단순함으로 귀결되듯이 말이다." 수련의 최고 단계가 단순함이듯, 공부에 있어서도 모든 나쁜 습관들을 잘라버리고 오직 공부 하나에만 전념할 때 비로소 최고의 성과를 낼 수 있다.

나를 변화시키는 가장 효과적인 방법은 바로 습관을 바꾸는 것이다. 머뭇거리지 말자. 지금 당장이다. 지금이 아니라면 이미 내 마음에게 나 자신이 패배한 것이다. 나의 습관들을 돌아보고 바꿔야 할 것이 있다면, 오늘부터 당장 하나씩 바꿔나가자. 종이에 자신의 목표와 버려야 할 습관들을 적고 책상 앞에 붙여라. 그리고 매일 읽어라. 매일 보다 보면 생각이 바뀌고, 생각이 바뀌면 행동이 따라올 것이다.

SMART 목표를 설정하라

SMART 목표는 지금까지 세상에 알려진 목표 설정 방법 중에 가장 널리 통용되고 신뢰받고 있는 목표 설정 방법이다. SMART란 아래에 설명된 단어의 머리글자를 따서 만든 합성어이다. 목표를 SMART 하게 세우면 할 수 있다는 자신감이 생겨나고 달성 가능성이 그만큼 높아진다. SMART 목표는 먼 미래의 큰 목표보다는 비교적 가까운 목표를 설정할 때 유용하게 활용 가능하다. 말하자면, 10년 뒤에 외교관이 되겠다는 먼 목표보다는, '앞으로 1년 안에 영어 성적 1등급을 만들겠다'라는 식이 SMART 목표 설정 방법이다. 자, 그럼 SMART 목표 설정 원칙 5가지에 대해 알아보자.

1. S(Specific) 목표는 구체적이고 명확하게 정한다

막연하게 '수학을 열심히 하겠다'가 아니라 '다음 중간고사에서 수학 100점을 받겠다'와 같은 구체적인 목표를 세운다. 목표가 구체적일수록 그것을 달성하기가 쉬워진다.

2. M(Measurable) 수치화할 수 있어야 한다

'하루에 영어 단어 30개 외우기'와 같이 목표를 수와 양으로 측정할 수 있도록 세워야 달성하기 쉬워진다.

3. A(Achievable) 성취 가능한 목표여야 한다

수학의 기초도 부족한 학생이 '여름방학 한 달 만에 두꺼운 수학의 정석을 완벽하게 마스터하겠다'라는 목표는 성취 가능한 목표가 아니다. 너무 터무니없는 목표는 얼마 못 가서 금방 포기해버린다. 자신의 능력보다 약간 높은 도전해볼 만한 목표를 세우는 게 좋다.

4. R(Realistic) 현실적이어야 한다

'로또 1등에 당첨되어 빌딩을 한 채 사겠다'라는 목표는 현실적이 아니다. 자신의 노력으로 달성해낼 수 있는 목표여야 한다.

5. T(Timely) 달성 기한이 정해져 있어야 한다

'영어 단어 1,000개를 한 달 안에 다 외우겠다'라는 식의 마감 시간이 정해진 목표를 세워야 한다.

이해와 암기

Easy come, Easy go!
쉽게 저장한 정보는 쉽게 기억에서 잊힌다.

이해하지 못하면
암기도 어렵다

이해가 선행되지 않으면 암기하기 어렵다. 이해와 암기는 한 세트나 마찬가지다. 이해가 뒷받침되지 않은 기계적인 암기는 외우는 것 자체도 어렵겠지만, 나중에 시험 볼 때 막상 인출하려고 해도 잘 기억나지 않는다.

예를 들어보자. 훈민정음, 측우기, 혼천의 하면 떠오르는 것은 세종대왕이다. 중·고등학교 때나 일상에서 충분히 많이 들으면서 자연스럽게 이해된 내용이기 때문이다. 반면, 세종대왕과 관련된 것으로 사과, 잉어, 소나무, 우마차, 저수지도 있다고 가정해보자. 이걸 그냥 머릿속에 외우려고 하면 도무지 답답해진다. 생뚱맞고 전혀 이해가 되지 않은 것들이기 때문이다. 무언가 이해할 수 있는 근거를 제시해야 외워질 것 같다.

제대로 이해가 되지 않은 것들은 우리 뇌에서도 그것을 저장하려고 노력하지 않는다. 때문에 어떤 것을 암기하기 전에는 그 의미를 충분히 이해하려고 노력하는 것이 무엇보다 중요하다. 이해는 새로 배운 내용을 내가 기존에 알고 있는 배경지식과 연결하는 작업이다. 내가 이미 알고 있던 지식을 바탕으로 새로운 지식을 낳는 것이라고 볼 수 있다.

이해와 기억에 대한 한 가지 실험을 살펴보자. EBS에서 두 사람에게 바둑 형세를 보여주고 얼마나 잘 기억하는지에 대한 실험을 했다. 한 사람은 바둑 기사 4단의 김지석 프로이고, 다른 한 사람은 바둑에 대한 지식이 전혀 없는 여대생이다. 두 사람에게 동시에 게임 중인 바둑판 형세를 보여주고 그대로 재현해보라고 주문했다. 김지석 4단은 100여 돌이나 되는 바둑 기보를 꽤나 여유 있는 표정으로 거의 완벽하게 재현했다. 하지만 바둑에 대해 지식이 없는 여대생은 10여 돌 만에 포기해버렸다. 김지석 4단은 익숙한 모양도 있고 일정한 패턴이 보여 외우기 쉬웠다고 말한다. 반면, 여대생은 그냥 무작정 외웠는데 잘 기억되지 않았다고 했다. 패턴 같은 것은 잘 모른다고 했다.

두 번째 실험에서는 아무 의미 없이 바둑알을 흩어놓고 다시 두 사람에게 재현해보라고 주문했다. 이번에는 김지석 4단이 난감한 표정을 지으며 10여 돌 만에 포기해버렸다. 오히려 여대생이 약간 더 기억했다. 여기서, 김지석 4단에게 첫 번째와 두 번째 실험의 차이는 무엇일까? 첫 번째 실험에서는 바둑판의 형세에 의미와 패턴이 있어 외우기 쉬웠던 반면, 두 번째 실험에서는 바둑판에서 아무런 의미를 읽어낼 수 없어 재현이 불가능했던 것이다.

이 실험에서 알 수 있는 것은, 의미를 읽을 수 없는 이해되지 않은 정보는 기억이 힘을 쓸 수 없다는 것이다. 하버드대 심리학과 대니엘 샥터 교수의 말을 들어보자. "무의미한 음절은 기억될 수 없고, 무의미한 정보, 의미 없는 정보는 기억할 수도 없습니다. 특히 무의미한 정보는 좋은 기억을 형성하지 않습니다. 중요한 것은 좋은 기억은 좋은 이해력 뒤에 온다는 점입니다." 이해를 잘해야 기억도 잘할 수 있다는 말이다. 이해를 잘하는 것이 암기를 위한 첫 단추인 것이다.

요약된 자료만으로는 공부할 수 없다

어떤 내용을 암기할 때는 최대한 많은 사전 지식을 동원하여 나 자신을 먼저 이해시켜야 한다고 했다. 이해가 선행되지 않은 상태에서 간단하게 요약된 내용만 외우려고 덤벼봤자 잘 외워지지 않는다.

역사 분야에서 가장 잘 만들어진 책을 꼽으라면 단연 최태성 선생님의 한국사 책일 것이다. 최 선생님의 책을 보면 설명도 물론 잘되어 있지만 각 단원 끝자락에 정리된 요약은 단연 으뜸이다. 책을 다 읽고 난 뒤에 각 단원 끝자락에 정리된 요약 내용만 봐도 전체 내용을 모두 상기할 수 있을 정도다. 하지만 책을 읽지 않고 요약된 내용만 보면서 공부하려고 들면 도무지 무슨 말인지 이해가 되지 않는다. 또한 암기는 더더욱 난감해진다.

수업을 빼먹고 친구의 노트만 빌려다 공부하려고 들면 잘되지 않는 이유도 여기에 있는 것이다. 이해가 선행되지 않았기 때문이다. 이처럼 우리는 요약된 자료만 봐서는 제대로 된 공부를 할 수 없다. 시간이 많이 걸리더라도 긴 글을 읽고 난 다음에 요약된 것을 외워야 잘 외워진다.

가짜 논리가
이해를 돕는다

앞서 얘기했듯이 이해가 선행되어야 암기를 제대로 할 수 있다고 했다. 하지만 공부를 하다 보면, 이해를 요하지 않고 무조건 외워야 하는 경우가 생긴다. 이럴 때도 무작정 단순하게 외우는 것보다 자기만의 가짜 논리를 만들어서 외우는 게 기억이 오래간다.

예를 들어보자. 콜럼버스가 신대륙을 발견한 연도를 알고 있을 경우, 임진왜란 발발 연도를 가짜 논리로 만들어 외울 수 있다. 가짜 논리는 다음과 같다. 콜럼버스가 신대륙을 발견한 건 1492년이다. 그로부터 정확히 100년 뒤 일본도 신대륙에 진출하기 위해 1592년 임진왜란을 일으켰다.

다른 예를 하나 더 보자. 우리나라에 감자와 고구마가 들어온 곳은 중국과 일본이다. 이를 암기하기 위한 가짜 논리는 다음과 같다. 둥그런 감자가 중국에서 들어온 이유는 중국 땅이 둥그렇기 때문이고, 기다란 고구마가 일본에서 들어온 이유는 일본 열도가 기다랗기 때문이다. 남들이 들으면 말도 안 되는 대략 우스꽝스러운 얘기지만, 어쨌건 자기만의 가짜 논리를 만들어서 외워두면 평생 가도 잊지 않을 기억을 만들 수 있다.

큰 그림을
먼저 봐라

뇌세포 사이에 연결 고리가 형성된다는 것은 이해했다는 뜻이고 이해된 내용은 쉽게 기억된다. 뇌세포 사이에 연결 고리를 만들어주는 또 다른 방법은 사건의 큰 그림을 보는 것이다. 우리 뇌는 큰 그림을 이해했을 때 훨씬 더 정보를 빠르고 효율적으로 습득한다. 퍼즐을 맞추기 전에 큰 그림을 먼저 보는 것도 이런 이유 때문이고, 책을 쓸 때도 단락 위에 소제목을 붙여주는 것도 큰 그림을 먼저 보여주기 위해서이다. 삼성그룹 이건희 회장도 삼성의 임원들에게 항상 강조하는 첫 번째가 일을 할 때는 '숲을 먼저 보고 그다음 나무를 보라'는 것이다.

큰 그림을 보는 것의 이점에 대한 흥미로운 실험이 있다. 학생들을 두 그룹으로 나누어 소설을 읽게 했다. 한 그룹은 한 번에 한 페이지씩만 건네주는 방식으로 소설을 읽게 했고, 다른 한 그룹은 결론부터 읽은 다음에 책의 나머지 부분을 읽게 했다. 두 그룹을 비교한 결과는 매우 흥미로웠다. 결론부터 읽은 그룹은 한 페이지씩 읽은 그룹에 비해 30%나 더 빨리 읽었으며, 내용의 이해도도 38%나 더 높았다. 큰 그림을 먼저 보여주자 책을 더 빨리 읽고도 이해를 더 잘해낸 것이다.

이해는 큰 그림을 보는 것에서 시작된다. 정보는 독립적으로 존재하지 않고 항상 전체의 일부로 존재하기 때문이다. 전체를 보고 나면, 개별 요소는 더 빠르고 쉽게 이해된다. 맥락이 없는 정보는 이해하기도 기억하기도 어렵기 때문이다.

큰 그림을 보고 글을 읽는 것과 그렇지 않은 경우의 차이를 알아보기 위해 EBS에서 한 가지 재미있는 실험을 했다. 아래의 글을 학생들에게 제시하고 한 그룹에게는 제목을 알려주고 읽으라고 했고, 다른 그룹에게는 끝까지 제목을 알려주지 않았다. 그러고 나서 테스트를 해보니 제목을 알려주지 않은 그룹은 기억을 끄집어 내는데도 시간이 많이 걸리고 문제를 푸는데도 매우 난감해했다. 여러분도 다음 글을 제목 없이 한번 읽어보자.

"이 절차는 사실 매우 단순하다. 먼저 물건들을 여러 종류로 구분한다. 경우에 따라서는 한 종류만 있을 수도 있다. 기계가 없을 때는 다른 곳으로 가야 하지만 기계가 있다면 준비는 거의 다 된 것이다. 이제 지나치지 않게 일을 하는 것이 중요하다. 다시 말해 한 번에 너무 많이 하는 것보다는 한 번에 좀 적다고 생각될 정도로 하는 것이 더 낫다. 단기적인 안목에서는 이렇게 하는 것이 별로 중요해 보이지 않을 수도 있지만 이렇게 하지 않으면 일이 복잡해지기 쉽다. 한 번 잘못하면 큰 손해를 볼 수도 있다. 처음 이 일을 시작할 때는 이런 절차가 복잡해 보일 수도 있지만 곧 생활의 일부가 될 것이다. 가까운 미래에 이 일이 사라지기는 어렵다. 그러나 어쩌면 사라질 수도 있다. 이 절차가 끝나면 물건들을 여러 종류로 나누어서 정돈한다. 그다음에는 물건들을 적절한 장소에 집어넣는다. 이 물건들은 결국 다시 한 번 사용되고, 사용된 다음에는 이 절차가 다시 반복된다. 이런 일은 우리 생활의 일부이다."

읽어보니 어떤가? 제목이 빠진 상태에서 읽으려니 시간이 많이 걸리고 이해도 잘되지 않았을 것이다. 하지만 제목을 알고 나면 무척 쉬워진다. 너무도 당연한 것처럼 내용이 술술 읽힌다. 위 글의 제목은 바로 '빨래하기'였다. 이처럼 제목은 큰 그림을 보여주는 중요한 단서이다. 우리가 어떤 것을 이해하거나 기억하려 할 때는 큰 그림을 먼저 보는 것이 왜 중요한지 이번 예시를 통해서 잘 배웠으리라 본다.

이미지로
기억하면 쉽다

하버드 대학에서 뇌에 이미지가 얼마만큼 강하게 저장되는지 실험을 했다. 참가자들에게 학교, 공원, 사막과 같은 이미지를 200장 보여주고 자기가 본 이미지를 가리키도록 했다. 놀랍게도 참가자들은 96%를 정확하게 맞췄다. 이처럼 우리 뇌는 이미지로 기억하는 것을 좋아한다. 이미지로 기억하면 인출이 훨씬 쉬워지기 때문이다. 반면 이미지가 아니라 단어나 숫자를 보여주고 기억하라고 하면 훨씬 더 어렵게 느낀다.

이미지 기억 효과에 대한 대표적인 연구가 '베이커-베이커 패러독스(Baker-Baker paradox)'이다. 연구 참가자들에게 한 남자의 사진을 보여주었다. 한 그룹에게는 이 남자의 이름이 '베이커 Baker'라고 알려주었고, 다른 그룹에게는 그의 직업이 '제빵사 Baker'라고 알려주었다. 2주 뒤에 참가자들에게 이 남자의 이름 또는 직업을 기억하는지 물었다. 흥미롭게도 그의 직업을 Baker(제빵사)라고 알려준 그룹은 쉽게 기억했는데, 이름을 Baker(베이커)라고 알려준 그룹은 기억하지 못했다. 같은 Baker라는 단어를 기억하는데 왜 이처럼 차이가 생기는 것일까? 해답은 바로 '이미지' 연상 때문이다. Baker를 제빵사라고 들으면 우리는 곧바로 제빵사가 빵을 굽는 모습을 연상한다. 하지만 이름이 Baker라고 들으면 아무런 이미지도 연상되지 않는다. 이처럼 이미지로 연상하면 뇌가 정보를 훨씬 더 확고하고 정확하게 저장하게 된다.

텍스트 옆에 그림이나 그래프가 있을 때 뇌는 그 텍스트를 보다 쉽게 기억할 수 있다. 그림이나 그래프가 텍스트 내용과 전혀 연관이 없어도 여전히 효과적이다. 한 연구에서 기억에 가장 강하게 남는 신문 기사가 무엇인지를 조사한 적이 있다. 놀랍게도 가장 잘 기억한 기사는 광고면 바로 옆에 있는 기사였다. 더 놀라운 사실은 광고가 기사 내용과 전혀 연관이 없었다는 것이다.

이런 사실은 우리가 공부를 할 때 유용하게 활용이 가능하다. 만약 특정 텍스트를 보다 잘 기억하고 싶다면, 텍스트 옆에 그림이나 이미지를 그려 넣으면 된다. 그러면 훨씬 잘 떠올릴 수 있다. 시를 외울 때도 시의 내용과 연관된 이미지를 아무렇게나 그려 넣어라. 그리고 그 이미지를 보면서 시를 떠올려 보라. 놀랍게도 시가 잘 외워진다. 이미지는 뇌가 정보를 쉽게 불러오도록 도와준다.

기억은 개념과 의미를 저장한 것이다

장기기억은 개념과 의미를 저장한다. 매우 중요한 것이니 확실히 짚고 넘어가자. 예를 들어보자. 작년 겨울에 감기에 걸렸다는 사실을, 우리는 '콧물이 나고, 두통이 있으며, 목이 부었고, 입맛이 없고, 몸에 열이 나는데 한기가 있었다'라고 기억하지 않는다. 그냥 '감기에 걸렸다'라고 기억한다. 여기서 '감기'라는 추상명사는 여러 가지 증상을 한꺼번에 아우르는 일종의 '개념'이다.

공부도 마찬가지다. 책에 있는 단어 하나, 문장 하나를 일일이 다 기억하지는 못한다. 그렇게 모든 것을 다 기억하려 든다면 매우 어리석은 공부법이다. 책 속의 주요 개념과 의미 몇 가지만 기억해두면, 나머지 세부사항은 자연스럽게 머릿속에 떠오른다. 공부한 양은 많은데 머릿속에서 복잡하게 정보들이 나돌기만 할 뿐 출력이 안 될 때가 있다. 이 또한 제대로 개념을 잡아두지 못했기 때문이다. 입력을 했으면 제대로 개념을 잡고, 분야별로 분류를 잘해두어야지 나중에 정확한 출력이 가능하다. 공부를 많이 했는데 간혹 시험 성적은 나오지 않는 경우가 있다면, 이것은 바로 개념과 분류를 제대로 못했기 때문일 것이다.

분산 학습,
나누어 공부하라

열정 없이 위대한 업적이 성취된 적이 없다.
– 에머슨

사람들은 누구나 같은 시간 공부를 하더라도 더 많이 더 효율적으로 공부를 하고 싶어 한다. 이것이 가능한 말일까? 그렇다. 앞서 2장에서 이야기한 것처럼 공부할 때 집중력을 높이는 방법이 하나이고, 다른 하나는 분산학습이다.

분산학습이란 쉽게 말해 시간을 나누어서 며칠에 걸쳐 조금씩 공부하는 것이다. 즉, 같은 시간을 공부하더라도 하루 만에 연달아 2시간 동안 공부하는 것보다 매일 30분씩 4일간 나누어 공부하는 것이 분산학습이다. 예를 들어 영어 단어 300개를 외운다고 할 때, 2시간 동안 수많은 반복을 통해 외우고 덮어버리는 것보다는, 매일 30분씩 4일간 보고 또 보는 방식으로 여러 날에 걸쳐 노출시키는 게 훨씬 기억에 유리하다. 똑같은 시간을 투자해서 공부를 해도 분산학습을 하면 더 좋은 성과를 만들어낸다는 말이다.

집중학습 vs 분산학습

　1981년 뉴욕주립대 토머스 슈엘 교수는 집중학습과 분산학습의 차이를 알아보는 실험을 했다. 프랑스어를 배우는 학생들을 두 그룹으로 나누었다. 한 그룹은 집중학습을, 다른 그룹은 분산학습을 시켰다. 분산학습 그룹은 하루 10분씩 3일 동안 나누어 프랑스어 단어를 학습했고, 다른 그룹은 한꺼번에 30분 동안 학습했다. 학습 완료 직후 테스트에서는 두 그룹 모두 비슷한 성적을 나타냈다. 하지만 4일 뒤 실시한 두 번째 테스트에서는 분산학습 그룹이 집중학습 그룹보다 무려 35%나 높은 성적을 거두었다. 이 실험 결과로 알 수 있는 사실은, 조금씩 꾸준히 나누어 공부하는 것이 한꺼번에 많은 양을 공부하는 것보다 더 효과적이라는 점이다. 기억의 핵심은 반복이다. 반복은 조금씩 자주 하는 것이 효과적이다.

　또 다른 연구를 살펴보자. 외과 수련의에게 혈관 수술에 관한 수업을 했다. 절반은 하루 동안에 수업을 모두 진행했고, 나머지 절반은 일주일 간격으로 4번에 나누어 4주 동안 수업을 진행했다. 수업이 끝나고 테스트를 한 결과는 놀라웠다. 양쪽 집단이 똑같은 내용을 교육받

았음에도, 일주일 간격을 두고 수업을 받은 집단이 모든 면에서 월등히 나은 성과를 보여주었던 것이다.

위의 두 가지 연구 결과에서도 알 수 있듯이 한꺼번에 장시간 공부하는 것보다 조금씩 여러 번 공부하는 것이 효과적이다. 즉, 집중학습보다는 분산학습이 기억에 더 유리하다.

분산학습의 효과

분산학습의 장점은 많다. 첫째, 여러 번 나누어서 공부를 하면 그때마다 뇌가 반복적으로 활성화된다. 예를 들어, 소설을 읽을 때 하루만에 다 읽어버리는 것보다 5일 동안 나누어서 읽는 게 기억에 더 효과적이다. 나누어 읽으면 매번 소설책을 잡을 때마다 전날 읽었던 내용이 머릿속에 자동으로 떠오르면서 뇌가 활성화되는 것이다. 둘째, 잘게 쪼개면 학습 의욕이 현저히 높아진다. 한 과목을 2시간 동안 공부하라고 하면 벌써 심적인 부담으로 다가오지만, 30분만 본다고 하면 왠지 더 집중해서 하고 싶은 생각이 든다.

또한, 같은 것을 여러 번 쪼개서 반복하는 분산 반복의 효과는 다음과 같은 이유로 기억이 강화되고 인출이 쉬워진다. 같은 것을 반복하더라도 나의 상황과 공부하는 환경은 항상 달라진다. 같은 단어를 외우더라도 버스 안에서 외울 때도 있고 책상 앞에서 외우기도 한다.

내 상황과 환경에 따라 공부한 내용을 다양하게 부호화할 기회가 생기는 것이다. 나의 심리적 상태나 물리적 환경이 달라지기 때문에 같거나 비슷한 정보라도 새로운 다양한 연결 고리가 만들어질 기회가 많아지는 것이다.

동일한 정보라도 맥락이 달라짐으로써 연결 고리가 그만큼 많아진다고 볼 수 있다. 이것을 전문용어로 '정보의 재구성'이라 한다. 같은 정보지만 다시 보면 또 다르게 재구성되는 것이다. 기억의 단서가 여러 개 생기면 인출은 그만큼 쉬워진다.

교 차 학 습

두 가지 이상의 과목을 번갈아 공부하는 것을 교차 학습이라고 한다. 이 학습법 또한 집중학습보다 더 효과적인 것으로 밝혀졌다. 교차 학습에 대한 연구 사례가 있다. 학생을 두 그룹으로 나누고, 한 그룹은 유형별로 묶어서 문제를 풀게 했고 다른 그룹은 여러 유형의 순서를 뒤섞어서 문제를 풀게 했다. 연습 중에 테스트를 해보니 유형별로 묶어서 문제를 푼 학생들의 정답률이 89%에 달했고, 여러 유형을 뒤섞은 교차 학습 방식으로 문제를 푼 학생들의 정답률은 60%에 불과했다. 하지만 일주일 뒤 최종 시험에서는 놀라운 결과가 나왔다. 유형별로 묶어서 학습한 그룹은 정답률이 20%로 뚝 떨어진 반면, 교차 학습을 한 그룹은 정답률이 63%에 달했다. 교차 학습이 초기에는 성과가 낮은 것처럼 보였지만, 시간이 지나자 커다란 성과로 나타난 것이다.

우리는 공부를 하거나 독서를 할 때 하나를 처음부터 끝까지 마무리하는 집중학습만이 제대로 공부한 것처럼 느낀다. 하지만 위의 실험 결과를 놓고 봐도 이것은 완전히 잘못된 착각일 뿐이다. 수학을 2시간 연속해서 공부하는 것보다, 수학→국어→수학→영어 순으로 각 30분씩 과목을 바꾸면서 공부하는 교차 학습이 훨씬 더 효과적이다. 또는 수학만 공부할 경우에는 3단원만 2시간 공부하는 것보다, 1단원→3단원→5단원→2단원 순으로 각 30분씩 단원을 바꾸는 것도 좋은 방법이다.

교차 학습은 초기에는 더 불편하고 성과가 나오지 않은 방법처럼 보인다. 이것저것 왔다 갔다 하는 과정에서 시간 측면도 더 느리게 학습한다는 느낌이 든다. 따라서 학생들 사이에 교차 학습이 인기가 없고 꺼리는 경향이 있다. 하지만 위 실험에서 보았듯이 교차 학습이 장기기억 측면 더 효과가 높다는 것을 명심하자.

반복 간격이 길수록
더 오래 기억된다

분산학습은 시간 간격이 너무 짧은 것보다는 긴 시간을 두고 하는 게 훨씬 더 효과적이다. 전문가들은 망각이 진행되기 직전에 다시 학습하는 것이 최선이라고 하니 에빙하우스의 복습 주기를 따르는 것도 효과적일 것이다. 반복 간격이 길수록 더 효과적인 것을 밝혀낸 유명한 연구가 있다.

바릭과 펠프스는 1987년 스페인어 학습 집단을 A, B, C 세 그룹으로 나누어 연구했다. 피실험자들에게 스페인어 단어 50개를 각각 7번씩 반복해서 암기하게 했다. A 그룹은 몇 분 간격으로 암기와 복습을 되풀이하도록 하고, B 그룹은 하루 간격으로, C 그룹은 한 달 간격으로 암기와 복습을 반복하도록 했다. 세 그룹 모두 암기를 마친 직후의 성적은 거의 만점에 가까웠다.

하지만 8년 뒤 테스트에서는 차이가 확연했다. A 그룹은 고작 6%, B 그룹은 8%를 기억했다. 반면 C 그룹은 83%나 기억하고 있었다. 반복 간격이 길수록 더 오랫동안 기억한다는 사실이 밝혀진 것이다. 짧은 기간 동안 너무 많은 것을 외우면 마찬가지로 짧은 기간 내에 많은 것을 잃게 된다. 반복은 오랜 기간을 두고 천천히 여러 번 하는 것이 훨씬 더 효과적이다.

차이가르닉
효과

독서나 공부를 할 때 한 가지 과업을 마무리 짓는 것보다 중간에 끊거나 시간이 한참 지난 뒤에 다시 하면 기억을 더 잘할 수 있다. 이를 차이가르닉 효과(Zeigarnik Effect)라 부른다. 공부를 끝까지 마무리하지 않은 상태에서 기억력이 더 좋아지는 이유는 무엇일까? 전문가들은 심리적 긴장 때문이라고 말한다. 중간에 공부를 멈추면 아직 끝내지 못했다는 마음과 나중에 다시 봐야 한다는 긴장 때문에 자신도 모르게 자꾸 신경을 쓰게 된다. 자주 머릿속에서 떠올리기 때문에 기억이 더 강화되는 것이다.

따라서 공부할 때는 한 과목을 완전히 끝내고 다른 과목으로 넘어가는 것보다, 과목을 수시로 바꿔가면서 하는 교차 학습이 더 효과적이다. 전문가들은 대략 30분 단위로 과목을 바꾸는 게 좋다고 한다. 특히 차이가르닉 효과는 어린아이들에게 책을 읽어줄 때 사용하면 매우 효과적이다. 책을 읽어주다가 가장 재미있거나 호기심이 왕성한 부분에서 멈춰버리면, 아이는 다음날 다시 책을 읽어줄 때까지 읽은 내용을 계속 곱씹거나 앞으로 전개될 내용을 스스로 상상하기도 한다.

영어 단어, 인덱스카드 암기법으로

분산학습 방법 중에 유명한 영어 단어 암기법이 있어 소개한다. 이 방법은 전 세계적으로 가장 유명하고 널리 알려진 영어 단어 암기법이다. 일명 인덱스카드 암기법으로 불린다. 영어 단어를 외울 때 가장 많이 활용되고 있으며, 다른 암기과목 공부에도 적용이 가능하다. 이 방법은 인덱스카드를 만드는 초기에 시간과 노력이 조금 들어간다는 단점이 있기는 하지만, 한 번 카드를 만들고 나면 학생들의 암기력을 획기적으로 높여준다.

자 그럼 인덱스카드를 만들고 활용하는 방법을 알아보자. 준비물은 카드 정리함과 명함 사이즈 용지만 있으면 된다. 명함 사이즈 용지는 문구점에 가면 500매 한 박스에 2,000원에 판매한다. 카드 정리함은 명함집 정도면 무난하다. 준비가 끝났다면 인덱스카드 앞면에 영어 단어를 쓰고, 뒷면에 뜻을 적는다. 이때 앞면에 영어 단어와 함께 대표적인 예문 1개를 적고 함께 외우는 것도 좋다.

인덱스카드 활용법은 다음과 같다. 먼저 카드 정리함을 다섯 칸으로 나누고, 각 칸마다 이름을 붙여 넣는다. 그리고 단어를 외우고, 외운 단어는 순차적으로 다음 칸으로 옮기고 일정한 주기로 다시 반복하는 방식이다.

- 첫 번째 칸 (New): 새로 배운 단어를 넣는다. 하루에 한 번이나 두 번 정도 반복해서 매일 복습한다. 확실히 외운 카드는 두 번째 칸으로 옮긴다.
- 두 번째 칸 (하루): 이 칸으로 옮겨진 단어는 하루나 이틀 간격으로 복습을 한다. 확실히 외운 카드는 다음 세 번째 칸으로 옮긴다. 전혀 기억이 나지 않을 경우 첫 번째 칸으로 옮긴다.

- 세 번째 칸 (일주일): 이 칸의 카드는 일주일에 한 번 복습한다. 확실히 외운 카드는 다음 네 번째 칸으로 옮긴다. 생각이 나지 않은 카드는 첫 번째나 두 번째 칸으로 다시 옮겨야 한다.

- 네 번째 칸 (한 달): 여기까지 온 단어는 거의 완벽하게 외운 것이다. 때문에 한 달에 한 번만 다시 복습을 한다. 단어의 뜻이 금방 떠오르면 다섯 번째 칸으로 옮기고, 떠오르지 않으면 각자의 판단에 따라 두 번째나 세 번째 칸으로 옮겨야 한다.

- 다섯 번째 칸 (6개월): 이 칸의 카드는 장기기억화되었다고 보면 된다. 그럼에도 평생 잊지 않기 위해서는 3~6개월 정도에 한 번씩 봐주는 것이 좋다. 이때 완벽하게 기억되는 단어는 버려도 좋다.

인덱스카드는 다양한 과목에서 활용이 가능하다. 영어 단어 암기는 물론, 역사 연도 및 사건 암기, 전문용어 암기, 수학 공식 암기에도 활용이 가능하다. 필자의 아들은 인덱스카드를 활용해서 영어 단어와 문장을 암기하고 있다. 처음에는 아빠가 알려준 방법을 의심스러워하더니, 지금은 아들 스스로도 놀라운 암기법이라고 자평하고 꾸준히 실천하고 있는 중이다. 어려운 영어 문장도 자주 보다 보니 저절로 외워진다고 말한다. 남들보다 더 짧은 시간에 효율적으로 영어를 배워나가고 있는 것이다.

수업 집중

지금 이 순간에도 적들의 책장은 넘어가고 있다.

사교육 없이 명문대에 합격한 학생들의 공통점이 있다. 그것은 바로 학교 수업에 집중하고, 예습과 복습을 철저히 하는 것이다. 너무도 당연하게 들리는 얘기지만 공부의 유일한 비결임에는 틀림없다. 하루 일과 중 가장 많은 시간을 차지하는 것이 수업이니만큼 수업에 소홀하면 시간을 헛되게 낭비하는 꼴이 된다. 공부는 시간과의 싸움인데, 수업 시간을 헛되이 보내고 학원이나 과외 수업을 받는 것은 이중으로 시간을 낭비하는 것이 된다. 모든 공부의 시작은 수업 시간을 충실하게 보내는 것임을 기억하자.

수업을 잘 듣기 위한 첫 번째는 수업을 잘 들을 수 있는 자리에 앉는 것이다. 교실 뒤쪽이나 창가, 문 옆은 피하는 게 좋다. 이곳들은 집중이 안 되는 곳이다. 가장 집중이 잘 되는 자리는 교실 앞쪽의 가운데 자리이다.

수업 내용은
자기 언어로 최대한 적게 적는다

사람들의 평균 말하기 속도는 분당 125단어 정도이다. 반면 쓰기 속도는 분당 31단어 정도다. 들은 내용을 모두 적고 싶어도 현실적으로 불가능하다는 말이다. 그렇다고 아무것도 받아 적지 않는다면 나중에 수업내용이 잘 연상되지 않는다. 역으로 너무 많이 받아 적으면 적는데 온 신경이 집중되어 선생님 말씀을 놓치기 십상이다. 그럼 어쩌란 말인가? 선생님 말씀을 받아 적으라는 말인가 적지 말라는 말인가? 너무 걱정하지 말라. 모든 문제에는 다 해결책이 있게 마련이니까.

적당히 적으면 된다. 여기서 적당이라는 말은 자신의 언어로 가능한 적게 적는 것이다. 핵심 단어 위주로만 가능한 적게 적어야 한다. 핵심 단어는 주로 형용사나 부사보다는 명사나 동사일 경우가 많다. 스스로 경험치가 쌓이다 보면 적당히 적는다는 분량이 어느 정도인지 감을 잡을 것이다. 대략 설명하자면 내가 적어놓은 핵심 단어들 만으로 수업 내용이 상기되는 수준이 적당히 적는 것이다.

뇌 과학적으로도 단어를 더 적게 적는 것이 더 잘 기억된다는 사실이 밝혀졌다. 기록할 때 단어를 더 많이 사용할수록 더 많이 까먹게 된다. 이상하게 들리겠지만 사실이다. 명백한 이유가 있다. 정보를 많이 적으면 뇌가 정보를 수동적으로 처리하게 되기 때문이다. 선생님 말씀을 그대로 옮겨 적는 것은 별다른 노력 없이도 가능하다. 하지만 선생님 말씀을 요약해서 자신의 언어로 핵심만 적으려고 하면, 어떤 부분이 중요한지 생각해보아야 한다. 자신의 언어로 핵심만 적는 것, 즉 더 적게 적는 것이 더 적극적으로 수업에 참여하는 것이 되는 것이다.

이와 관련한 한 가지 흥미로운 연구가 있다. 대학생들에게 2가지 방식으로 강의를 진행했다. 하나는 학생들에게 배운 내용을 자신이 직접 자신의 말로 핵심만 요약하게 했다. 다른 하나는 교수가 설명한 내용을 그대로 학생들에게 베껴 쓰게 했다. 결과는 놀라웠다. 학기 중 치른 시험에서 학생들은 베껴 쓴 내용보다 자신만의 언어로 쓴 내용에서 현저히 높은 성적을 받았다.

수업이 끝나고 복습할 때도 마찬가지로 자신의 언어로 핵심어만 적어 놓은 노트가 훨씬 뇌를 적극적으로 활동하게 만든다. 선생님 말씀을 완벽한 문장으로 적어 놓았다면, 다시 읽을 때도 더 수동적이게 된다. 반면에 핵심 단어만 적어 놓았다면, 뇌가 단어의 의미를 해석하기 위해 더 적극적으로 움직이게 된다.

요약하자면, 수업 내용은 가능한 적게 적는 것이 좋다. 적게 적을

수록 선생님 말씀에 더 집중하게 되고, 또한 적게 적을수록 뇌가 적극적으로 활성화되어 더 많이 기억하게 된다는 말이다. 수업의 핵심은 수업 내용을 이해하는 것이지, 노트 필기를 잘하는 것이 아니다.

예습이
수업 집중도를 높인다

보고에 따르면 공부하는 학생들의 90% 이상이 예습을 하지 않는다고 한다. 사전에 아무런 준비도 하지 않으면, 관심이나 호기심이 생기지 않아 그저 수업을 수동적으로 따라가는데 그치게 된다. 수업에 적극적으로 참여하기 위해서는 짧은 시간이라도 예습을 하는 게 좋다. 또한 예습은 뇌를 학습 내용에 맞게 사전 활성화시키는 이른바 점화 효과를 낳는다. 하루 전이나 수업 시작 전에 5분 정도 시간을 내서 어떤 내용을 배우게 될지 잠깐 살펴보는 것만으로 수업 집중과 이해를 훨씬 높일 수 있다.

예습은 수업 내용을 완벽하게 이해하는 것이 아니라, 배울 내용을 대충 살펴보면서 호기심이 생기는 정도면 충분하다. 5분이면 충분하다. 5분 투자로 50분 수업을 흥미롭게 들을 수 있다. 예습을 하면 수업에 집중할 수 있고, 수업을 집중해서 들으면 배움의 초기부터 강한 입력을 하게 되므로 나중에 복습 시간도 줄여주는 효과를 얻을 수 있다.

필자의 아들은 한때 수업 듣는 습관이 안 되어 있었다. 그래서 아빠가 한 달 동안 그날 배운 내용을 과목별로 떠올려서 종이에 적도록 했다. 처음에는 수업 집중 습관이 들지 않아 내용을 거의 적지 못했다. 그러다 며칠이 지나자 내용을 적기 시작했다. 아빠가 매일 점검한다는 사실만으로도 수업을 집중해서 듣기 시작했던 것이다. 또한 수업을 잘 듣기 위해서 평소 하지 않던 예습을 시작했다. 예습을 하면 수업 집중력이 높아지고 모르는 것을 알아가는 재미도 느낄 수 있다고 일러주었다. 저녁에 수업 내용을 상기해서 적어야 하므로 복습도 물론 열심히 한다. 이렇게 한 달이 지나자 아들은 스스로 수업에 집중하는 습관을 완성시켰다.

공부하기 싫을 때, 10분의 마법

공부를 하다 보면, 특별히 공부가 하기 싫어지는 시간이 온다. 나만 그런 것이 아니라 최상위권 학생들도 이럴 때가 종종 있다. 이럴 때 활용할 수 있는 한 가지 팁이 바로 '10분의 마법'이다.

첫 번째는 공부를 하다가 오늘은 그만하고 싶다는 생각이 들 때, 딱 10분만 더 하자라고 마음을 먹는 것이다. 10분만 더 하자라고 마음을 정하면 그 10분 동안 최선의 집중을 할 수 있는 힘이 생긴다. 운이 좋으면 10분간 집중하는 과정에서 공부가 계속하고 싶다는 생각이 든다. 이때는 공부를 멈추지 않고 계속하면 된다.

두 번째는 책상에 앉아 공부를 시작하기조차 싫을 때, 딱 10분만 하고 그만두자는 생각으로 일단 공부를 시작한다. 일단 공부를 시작하고 나면 자신도 모르게 어느새 공부에 탄력이 붙는다. 하기 싫다는 생각이 물러나고 조금이라도 더 공부를 해야겠다는 생각이 스멀스멀 생겨난다. 통상 10분 후에는 그만두지 않을 확률이 높다.

수업 시간도 마찬가지다. 수업 시간에 일정하게 집중할 수 있다면 좋겠지만, 중간에 딴생각이 떠오르고 한번 집중을 놓치면 계속 수업을 따라가기 어렵게 된다. 수업 중 집중력을 유지하는 방법으로는 우선 수업 초반에 온 힘을 다해 집중하도록 노력하는 것이다. 딱 10분만 집중하자고 마음먹는 것이다. 처음에 집중을 잘 시작하면 수업 내내 집중력이 흐트러지지 않고 수업에 계속 빠져들기 쉽다. 수업 중간에 집중이 흐트러지려 할 때는 '딱 3분만 더'라고 외치자. 집중력이 떨어지는 그 순간만 잘 참아 넘기면 꾸준한 집중을 유지할 수 있다.

메이저리그 최고의 일본 선수 스즈키 이치로는 고등학교 시절 코치에게 이런 조언을 들었다고 한다. "하루에 딱 10번이라도 좋으니 매일 타격 연습을 해라." 그는 이 말을 평생 실천했다. 연습이 죽도록 하기 싫은 날도 열 번의 타격 연습을 하기 위해 일단 운동장으로 나갔다. 방망이를 열 번 휘두르고 나면, 당연히 하루 연습량으로는 부족하다는 느낌이 든다. 그러면 100번이고 1,000번이고 몸이 피곤할 때까지 연습을 할 수 있었다고 한다. '딱 10번의 마법'이 이치로를 메이저리그 최고 선수의 반열에 오르게 할 수 있었던 것이다.

줄탁동시(啐啄同時)

병아리가 알속에서 나오려면 먼저 스스로 알을 깨기 위해서 부리로 껍질 안쪽을 쪼아(줄, 啐)야 한다. 그러면 알을 품던 어미닭이 그 소리를 알아듣고 밖에서 알을 쪼아(탁, 啄) 새끼가 세상 밖으로 나오도록 돕는다. 병아리와 어미닭이 동시에 알을 쪼기는 하지만, 어미닭이 병아리를 세상 밖으로 나오게 하는 것은 아니다. 어미닭은 다만 알을 깨고 나오는데 작은 도움만 줄 뿐, 결국 알을 깨고 나오는 것은 병아리 자신이다.

여기서 알껍데기를 쪼아 깨려는 병아리는 깨달음을 향해 나아가는 수행자를 가리키며, 어미닭은 스승이라고 할 수 있다. 중요한 것은 스승은 깨우침의 계기만 제시할 뿐이고, 나머지는 제자가 스스로 노력하여 깨달음에 이르러야 한다는 것이다.

---

05 최고의 공부법
- 생각하기, 떠올리기, 남에게 설명하기

신념을 가진 한 사람의 힘은 관심뿐인 99명의 힘과 같다.
– 존 스튜어트 밀

생각(사색)의 힘,
기억은 생각의 잔여물이다

필자는 다독가이다. 24개월 동안 하루 15시간씩 책을 읽어낸 집중 독서 기간을 포함 총 8년간 7,000권의 책을 읽었다. 소위 인문학이라 불리는 문학, 역사, 철학 서적은 물론 종교, 경제, 경영, 자연과학, 뇌과학, 심리학, 공부법, 독서법, 육아, 건강 등 삶의 전반에 관한 책들을 모조리 읽었다. 마치 블랙홀이 자연계의 모든 사물을 빨아들이듯이 책 속에 담긴 지식과 지혜를 무한 흡입했다. 그중에서도 공부법과 독서법에 관해서는 특별히 많은 시간을 할애했었다.

공부법과 독서법을 한참 연구하는 과정에서 나 자신을 상대로 다양한 실험을 해본 적이 있다. 그중 한 가지가 독서 후 의도적으로 사색의 시간을 갖지 않는 실험이었다. 사색은 다른 말로 깊이 생각하기 또는 반추(Reflection)라고도 한다. 어쨌건 한동안 독서 후 사색하는 시간을 전혀 갖지 않고 오직 책만 계속해서 읽었다. 책상 위에 10~20권의 책을 쌓아놓고 거침없이 읽기만 했다.

의도적으로 독서 후 사색하는 시간을 생략했고, 독서 감상문이나 블로그에 글을 올리는 행위도 모두 생략했다. 식사시간이나 길을 걸을 때도 의도적으로 머릿속에서 생각이 일어나지 않게 하기 위해서 귀에 이어폰을 꽂고 팟캐스트를 듣거나 강의를 들었다. 이렇게 2주가 넘게 독서를 하니 즉각적인 부작용이 나타났다. 물론 신체에 이상이 생긴 것은 아니고, 정신적인 부작용이었다. 2주 동안 100권에 가까운 책을 읽었는데 놀랍게도 책의 내용이 거의 기억나지 않았다. 읽기는 했는데 남는 건 없었다. 심지어 어떤 책은 읽었다는 사실조차도 모를 정도였다.

이처럼 독서를 하거나 공부를 함에 있어 생각하는 시간을 갖지 않는 것은 치명적이었다. 읽기만 하고 생각을 하지 않으니 머릿속은 밑빠진 항아리 마냥 입력과 동시에 정보가 저장되지 못하고 어디론가 줄줄 새어나갔던 것이다. 공부를 아무리 열심히 한다고 해도 책을 아무리 열심히 읽는다고 해도 생각하는 시간을 갖지 않으면 남는 것이 없다는 사실을 절절히 깨달은 소중한 경험이었다. 이 같은 경험 이후로는 공부를 하거나 독서를 하고 나면 반드시 5~10분 정도 눈을 감고 입력된 내용을 머릿속으로 떠올려보는 시간을 갖는다. 또한 일주일이나 한 달 뒤에 책의 목차를 보면서 내용을 상기하는 복습의 시간을 갖는다. 이렇게 사색과 복습을 반복해서 해주면 공부한 내용이 단단히 머릿속에 자리 잡고 진정한 나의 지식으로 내면화된다.

우리 뇌는 읽은 내용을 통합하고 분류하고 정리하기 위해서 반드시 생각하는 단계를 필요로 한다. 생각이 거듭되고 반복 학습이 이루어지면 기억이 단단해진다. 앞서 얘기했듯이 공부한 내용을 별생각 없이 한 번 더 읽는 단순 반복을 한다고 해서 기억이 강화되는 것이 아니다. 어떤 방식으로 건 머릿속으로 생각하고 떠올리는 과정을 거쳐야 한다. 생각을 이끌어내는 구체적인 방법으로는 관련 문제를 풀어보거나 공부한 내용을 머릿속으로 떠올려 보거나 남에게 설명하는 방식이 대표적이다.

세상을 바꾼 천재들의 이야기를 들어봐도 사색의 힘은 놀라울 정도로 위대하다고 확신한다. 뉴턴은 만유인력을 어떻게 발견했냐는 질문에 이렇게 답했다. "계속 그 생각만 하고 있었으니까." 사색의 힘을 엿볼 수 있는 대답이다.

아인슈타인도 비슷한 얘기를 했다. "나는 몇 달이고 몇 년이고 생각하고 또 생각한다." 1965년 노벨물리학 상을 받은 리처드 파인만도 그의 생각하는 습관을 잘 드러낸 문장이 있다. "나는 생각하면서 걷다가 가끔 한 번씩 멈춰 선다. 너무 어려운 것을 생각하다 보면 걸을 수가 없다. 이때는 멈춰 서서 해결될 때까지 기다려야 한다."

황농문 교수의 ≪몰입≫에 소개된 수학 문제풀이 방식에서도 탁월한 학생들은 무엇보다도 생각을 많이 한다는 사실을 발견할 수 있다. 황 교수는 실험에 참가한 학생들에게 한 번도 접해 본 적이 없는 미분 문제를 풀게 했다. 어느 정도 시간이 지나자 문제를 풀어내는 학생들이 나타나기 시작했다.

먼저 문제를 풀어낸 학생들의 문제 풀이 방식은 일반학생들과는 확연히 달랐다. 다른 학생들은 모두 노트를 펼쳐 이것저것 적어가면서 계산하는 데 반해, 가장 빨리 문제를 푼 학생은 두 손을 놓고 가만히 앉아 생각만 했다.

다음으로 문제를 풀어냈던 다른 학생도 비슷했다. 그는 하얀 종이 위에 큼지막하게 그림 하나를 떡 하니 그려놓고는 더 이상 아무것도 하지 않았다. 그저 꼼짝없이 앉아서 내내 생각만 했다. 남들이 보면 마치 돌부처같이 꼼짝하지 않고 앉아 있는 모습이 포기한 학생처럼 보였지만, 그들은 머릿속으로 문제를 생각하면서 풀이 방식을 고민하고 있었던 것이다.

적극적으로 생각하기,
생각하는 내용이 기억에 남는다

반복해서 읽기만 하면 자동으로 이해되고 기억될 것이라고 생각하는 것은 착각이다. 텍스트를 수동적으로 읽을 때는 뇌 안에서 큰 변화가 일어나지 않는다. 무작정 수동적으로 여러 번 읽는 것은 효과적인 공부 방법이 아니다. 적극적으로 생각해야 한다. 적극적으로 생각하면 두뇌의 다양한 부분이 활성화되어 정보를 흡수하는 속도가 빨라진다.

풀리지 않는 수학 문제를 해답지만 보고 여러 번 읽으면 당시에는 이해하고 기억되는 것 같지만 시간이 지나서 보면 풀이 과정이 생각나지 않는다. 생각하는 공부를 하지 않았기 때문에 생기는 현상이다. 결국 헛공부를 한 것이다. 두뇌에 자극을 주고 기억을 탄탄하게 만드는 것은 다름 아닌 '생각하는 공부'이다.

≪14세까지 공부하는 뇌를 만들어라≫를 저술한 인지심리학자 김미현 교수가 한 아이를 지도하면서 겪은 사례를 소개해 보자. 역사 문제를 풀 때 한 단원은 학생이 하던 방법으로, 다른 단원은 김 교수가 제안한 방법으로 풀게 했다.

학생의 공부법은 모르는 문제의 답을 곧장 확인하고 외우는 방식이었고, 김 교수의 공부법은 모르는 문제는 시간이 많이 걸리더라도 끝까지 생각하고 고민해서 풀도록 하는 방식이었다. 학생의 공부법으로 공부한 뒤 문제를 풀게 해보니 첫 번째 시도에서 25문제 중 15개를 맞추었고 두 번째 시도에서는 20개를 맞추었다. 김 교수의 방식으로 문제를 풀게 하자 첫 번째 시도에서는 13개를 맞추었고 두 번째 시도에서는 23개를 맞추었다. 두 번째 시도에서 단 2개만 틀린 것이다.

정답을 곧바로 들춰보지 않고 오랫동안 적극적으로 생각하는 공부법이 훨씬 더 효과적임을 밝혀낸 사례이다. 문제를 읽고 골똘히 생각하고, 알고 있는 지식을 총동원해서 답을 찾으려고 노력하는 과정에서 학습의 성장이 이루어지는 것이다.

생각하는 공부의 효과를 입증한 또 다른 사례가 있다. 전교 꼴찌에서 1등에 오른 박철범 학생이 바로 그 주인공이다. 그는 생각하는 공부법으로 수학을 6개월 만에 25점에서 100점으로 끌어올렸다.

그가 말하는 공부법은 이렇다. 수학 성적을 올리기 위해서는 많이 공부하기보다 '생각하는 힘'을 길러야 한다. 방법은 간단하다. 수첩 하나를 준비해서 모르는 문제를 딱 5개만 적어라. 하루에 5문제를 적고 1시간 정도 고민해 보는 것이다. 자습시간에 하려고 하면 다른 공부시간이 줄어든다. 자투리 시간을 활용해라. 직접 연습장에 문제를 푸는 게 아니라 머릿속으로 문제풀이를 고민해 보는 것이다.

연습장도 볼펜도 필요 없다. 언제 어디서나 가능하다. 화장실에서도, 버스 안에서도, 걸어가면서도. 시간과 장소에 구애를 받지 않는다.

강조하지만, 수학 실력은 문제 푸는 양이 아니라 생각하는 시간에 비례한다. 5문제를 1시간 동안 고민해서 한 문제도 풀지 못했다 하더라도 공부를 안 한 것이 아니다. 오히려 1시간 동안 가장 효과적인 방법으로 공부를 한 것이다.

사고력은 문제의 답을 찾을 경우에만 발달하는 것이 아니라, 사고하는 과정 자체에서 발달하는 것이다. 수학은 생각하는 것 그 자체가 공부다. 연습장에 푸는 것보다 머릿속으로 풀이 과정을 생각하는 것이 최선의 수학 공부법이다.

막노동꾼에서 서울대에 수석 합격한 장승수 씨 또한 주로 생각하는 방식으로 공부를 했다. 그의 공부법은 다음과 같다. 그에게는 남들과 전혀 다른 특이한 공부법 하나가 있다. 바로 손을 거의 사용하지 않는다는 것이다.

남들은 주로 암기할 때나 문제를 풀 때 연필을 들고 연습장에다 무언가를 써가면서 하는 게 보통인데, 그는 전혀 그렇지 않았다. 수학 문제조차도 암산으로 풀 때가 많았고, 다른 과목은 아예 하루 종일 공부해도 연필을 사용하지 않았다. 영어 단어를 외울 때도, 다른 과목을 공부할 때도 연필로 그리면서 이해하는 대신 머릿속에다 그려 보는 것으로 대신하려고 애썼다.

이렇게 머릿속으로 되뇌는 방식으로 공부를 하면 암기 효율이 더 높아지고, 연필을 사용할 일이 없기 때문에 암기 속도도 훨씬 빨라진다. 머리는 쓰면 쓸수록 좋아지고 안 쓰면 안 쓸수록 굳어버린다. 그러니 공부할 때는 최대한 머리를 사용하려고 노력해야 한다.

떠올리기

어떻게 하면 더 잘 기억할 수 있을까? 인지심리학자들이 권하는 가장 효과적인 암기 전략은 '안 보고 떠올리기'이다. 외워야 할 내용을 정독으로 꼼꼼히 읽은 뒤 책을 덮고 내용을 떠올리면 기억이 오랫동안 지속된다고 인지심리학자 김미현 교수는 말한다.

어려운 내용도 꼼꼼히 집중해서 읽고, 자신이 이해한 내용을 남에게 설명하는 방식으로 공부하면 확실하게 내 것으로 만들 수 있다. 이때 중요한 것은 상대방에게 가르치듯 설명하는 것이다. 들어줄 상대가 없으면 인형을 앞에 놓고 해도 좋고, 거울 속 자신에 설명하는 것도 괜찮다.

배운 내용을 떠올리는 것에는 두 가지 큰 장점이 있다. 첫 번째는 자신이 무엇을 알고 무엇을 모르는지 인지할 수 있어, 내가 집중적으로 공부해야 할 부분이 어디인지 파악할 수 있다. 두 번째는 배운 것을 머릿속으로 회상함으로써 기억이 단단해지고 기존 지식과의 연결이 강화된다. 단기기억이 장기기억으로 넘어가 시험을 볼 때 인출이 쉬워진다.

공부의 신 강성태 씨도 기억을 강화하는 방법으로 떠올려보기를 강조한다. 그가 고등학생 때 버스 안에서, 길을 걸으면서도, 쉬는 시간에도, 밥을 먹을 때도, 화장실에서도 수시로 머릿속으로 떠올리는 방식으로 공부했다고 한다.

책상에서 일어날 때 머릿속에 공부한 내용을 집어넣고, 자투리 시간이 날 때마다 계속 그것을 떠올렸다. 소처럼 되새김질했다. 영어 단어를 떠올려보기도 하고, 수업 시간에 선생님이 설명한 내용을 떠올리기도 하고, 잘 안 풀리는 문제를 떠올리면서 풀이 방법을 궁리하기도 했다. 남들이 보기에는 멍하니 있는 것 같지만 머릿속으로는 계속해서 떠올리기를 반복했다.

그는 자주 기억을 되새기는 것이야말로 학습 내용을 머릿속에 단단히 붙잡아두는 비법이라고 강조한다. 2,500년 전 아리스토텔레스도 이미 같은 말을 한 적이 있다. "어떤 것을 상기하는 연습을 계속하면 기억이 강화된다."

남에게 설명하기

오래 기억하기 위한 또 다른 방법은 내가 공부한 내용을 남에게 설명하는 방법이다. 누군가를 이해시키는 것은 자신이 완벽하게 내용을 파악하고 있어야 가능하다. 스스로 내용을 다 안다고 생각되는 경우에도 남에게 설명하다 보면 군데군데 허점이 발견되는 경우가 많다. 이를 통해 자신이 정확하게 모르는 부분이 무엇인지 파악 가능하고, 모르는 부분을 보충하는 공부를 하면 완벽한 공부를 완성할 수 있게 된다.

EBS 다큐프라임 〈왜 우리는 대학에 가는가〉를 보면, 각자 조용히 공부하는 '조용한 공부방' 그룹과 서로 설명하며 공부하는 '말하는 공부방' 그룹 중 어느 그룹의 학습효과가 뛰어난지 실험을 했다. 결과는 놀라웠다. 말하는 공부방 그룹이 월등한 점수 차로 효과가 높았다. 공부한 내용을 시험 친 결과, 말하는 공부방 그룹은 평균 76점을 올렸고, 조용한 공부방 그룹은 48점에 그쳤다. 무려 28점이나 차이가 났다.

이를 뒷받침하는 미국의 연구 결과가 있다. 미국의 교육 연구 기관인 NTL(National Training Laboratories)에서 '효과적인 학습방법'에 대한 연구를 진행했다. 참가자를 대상으로 학습 후 24시간이 지났을 때 학습방법에 따라 학습한 내용이 머리에 남는 비율을 조사했다. 결과는 아래와 같다.

- 강의 듣기 5%
- 읽기 10%

- 시청각 수업 듣기 20%

- 시범 강의 보기 30%

- 집단 토의 50%

- 실제 해보기 75%

- 남에게 설명하기 90%

강의 듣기나 교재를 읽으며 학습한 경우는 그 내용이 5~10% 정도만 기억에 남았으나, 남에게 설명하는 방법으로 학습한 경우에는 90%의 내용이 기억 속에 저장되었다. 남에게 설명하는 방식이 최고의 공부법인 것이다.

심리학에 메타인지(meta cognition)라는 개념이 있다. 메타인지는 내가 무엇을 알고 무엇을 모르는지 파악하는 능력을 말한다. 메타인지력이 높은 학생일수록 공부를 잘한다는 것은 이미 여러 연구결과에서 검증되기도 했다. 위에서 말한 남에게 설명하는 공부 방식은 메타인지력을 높이는 공부법이다. 친구에게 설명을 하는 과정에서 내가 아는 것과 모르는 것이 명확하게 구분되기 때문이다.

공부를 할 때는 완벽하다고 생각했는데 막상 시험을 보면 생각나는 게 없어서 당황한 적이 있을 것이다. 이런 학생이라면 공부한 내용을 다른 사람에게 설명하는 공부법을 적용하는 것이 좋다. 자신이 부족한 점이 무엇인지 금방 알아차릴 수 있을 것이다. 남에게 설명하는 공부법은 다음과 같은 장점이 있다.

첫째, 남을 가르치면서 공부한 내용은 머릿속에 더 단단하게 자리를 잡는다. 둘째, 설명을 하다 보면 자신이 완벽하게 이해하지 못했던 부분이 자연스럽게 드러난다. 셋째, 가르치는 동안 내용에 대한 이해가 깊어지고 새로운 깨달음을 얻을 수 있다.

강성태 씨의 《공부의 신》에 소개된 공부법에서도 떠올리기와 남에게 설명하는 학습 방식이 최고의 공부 방법임을 강조하고 있다. 단순 반복 읽기와 같은 복습보다는 시간이 많이 걸리기는 하지만, 다음과 같은 방법으로 공부하면 확실하게 공부한 내용을 내 것으로 만들 수 있다고 말한다. 우선 간단히 정리하면, '읽고 → 머릿속으로 떠올리고 → 연습장에 쓰기'로 마무리하는 방식이다.

1. 밑줄을 치며 빠져들 듯 내용을 정독해서 읽는다. (읽기)
2. 읽은 내용을 눈을 감고 속으로 이야기해 본다. (떠올리기)
3. 만약 줄줄이 이야기할 수 없다면 다시 정독해 몇 번이고 읽어 본다.
4. 머릿속에 내용이 확실히 떠올라 속으로 말할 정도가 되면 교재를 보지 않고 남에게 설명하듯이 연습장에 그 내용을 전부 써

본다. (남에게 설명하기와 같은 효과)

5. 적다가 기억나지 않는 부분이 있으면 그 부분만 수차례에 걸쳐 다시 읽거나 써본다.

한편, 노이스 교수의 연구에 따르면 누군가에게 내가 공부하고 있는 내용을 설명하겠다는 상상을 하며 공부한 학생은 기계적으로 외우는 학생보다 더 뛰어난 기억력을 보이는 것으로 나타났다. 자신이 공부한 내용을 남에게 설명하는 상상만으로도 기억력이 좋아진다는 것이다.

이처럼 뇌를 적극적으로 활용하는 방법 중 하나는 새로 배운 내용을 남에게 설명하는 것이다. 남에게 설명하는 것은 자기 말로 바꾸어 표현하기 때문에, 정보를 자기 자신의 경험과 사전 지식에 더 잘 연결하게 된다. 사전 지식과 연결이 더 잘 될수록, 내용을 더 포괄적으로 이해할 수 있다.

OECD 국제학업성취도평가(PISA)에서 다년간 최고의 성적을 보여왔으며, 많은 교육 전문가들이 이상적으로 꼽는 선진적 교육제도를 가진 나라 핀란드에서도 남에게 설명하는 공부법을 활용하고 있다. 핀란드에서는 공부를 잘하는 학생이 못하는 학생을 가르치게 한다. 이렇게 하면 공부를 못하는 학생뿐만 아니라 잘하는 학생의 성적도 함께 올라간다고 한다.

빌 게이츠의
공부 쓴소리!!

　미국 오하이오 주에 있는 한 고등학교에서 있었던 이야기다. 학생들은 중퇴한 빌 게이츠를 본보기로 '공부하지 않고도 얼마든지 성공할 수 있다.'라는 말을 자주 했다. 학생들의 공부 설득이 어려워진 교사는 직접 빌 게이츠에게 다음과 같은 편지를 보냈다.

　"'빌 게이츠는 고등학교도 졸업하지 않았는데도 불구하고 MS 사의 회장이 되었고, 40대에 벌써 세계 최고의 갑부가 되었는데요.'라는 말을 하는 학생들이 많습니다. 당신의 성공담이 많은 학생들로 하여금 공부를 게을리해도 된다는 핑곗거리가 되고 있습니다. 이런 아이들에게 어떤 말을 해주는 게 좋겠습니까?"

　그러자 빌 게이츠는 이런 답신을 보내왔다.
　"나는 MS 사를 창업하기 위해 대학 졸업을 포기했지만 하버드 대학을 2년 동안이나 다녔습니다. 내가 알기로는 고등학교를 그만두고 컴퓨터 업계에 진출해서 거물급이 된 사람은 아직 아무도 없습니다. 그리고 누구든 일생일대의 기회라는 확신이 없는 한 학교 공부를 중단하는 것은 결코 현명하지 못합니다."

　빌 게이츠는 또한 이런 말도 남겼다.
　"공부밖에 할 줄 모르는 바보한테 잘 보여라. 사회에 나온 다음에는 아마 그 바보 밑에서 일하게 될지 모른다. 세상은 공부를 잘했던 바보들이 이끌어간다. 그 밑에 일하는 사람들은 하나같이 공부를 덜했던 사람이다."

PART 4

공부 효율을 높이는
생활 습관

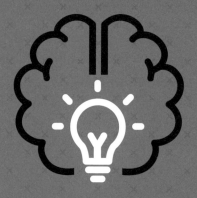

01 수면

운명을 바꾸고 싶다면 생각을 바꿔라.
– 스티븐 코비

4당 5락은
미신이다

한때 4시간 자면 합격하고 5시간 자면 떨어진다는 4당 5락이라는 말이 유행한 적이 있었다. 하지만 이는 많은 사람들의 경험과 뇌과학의 도움으로 미신임이 밝혀졌다. 과학적, 합리적 근거가 전혀 없는 맹목적인 잘못된 믿음에 불과했던 것이다.

실제 한 조사에서 상위권 학생들을 대상으로 수면 시간을 조사했다. 그랬더니 4시간 이하로 잠을 자는 학생은 겨우 4%에 불과했다. 공부의 신 강성태 씨는 고3 수험생일수록 잠을 충분히 자야 한다고 주장한다. 그는 고3 때 잠을 줄였다가 낭패를 본 스스로의 경험을 통해,

후배들에게는 무리하게 잠을 줄이지 말라고 당부하고 있다. 그의 이야기를 들어보자.

그는 다른 친구들을 따라잡기 위해 공부를 더 해야 하는데 시간이 부족해 잠부터 줄이기로 했다. 마음은 급한데 시간은 쏜살같이 지나가서 남들처럼 잠잘 것 다 자면 뒤처질 것 같은 기분이 들었다. 하지만 고3 때 갑자기 잠을 줄인다고 노력해봤자 습관은 하루아침에 바뀌지 않았다. 잠을 줄이기 위해 찬물로 세수를 하고, 눈 밑에 파스를 바르기도 하고, 볼펜으로 손톱 밑을 찌르기도 했다. 그러나 그 모든 방법들의 효과는 잠시뿐이었다. 지속 시간은 딱 10분. 눈을 떠보면 어느새 아침이고 책상에 엎드려 침을 질질 흘리며 자는 자신을 발견하곤 했다. 스스로가 원망스러울 뿐이었다. 잠을 줄이기 위해 온갖 방법을 다 써보다가 최후에는 의자에 자신의 몸을 꽁꽁 묶는 방법까지 동원했다. 그러나 역시 잠을 이겨낼 수 있는 비법은 없었다.

이렇게 온갖 시도를 해보고 내린 결론은 바로 '잠은 못 줄인다'였다. 잠과 싸워봤자 절대 이길 수 없다. 잠을 줄인 날에는 다음날 아침도 거르고, 학교에는 지각한다. 어제 잠을 못 잤으니 오후 수업은 집중이 잘 되지도 않는다. 몸은 피곤하고 야자 시간에 컨디션은 바닥이 된다.

그는 강조한다. 효율적인 공부의 시작은 잠을 충분히 자는 것이라고. 충분히 잠을 잘 잔 사람만이 제대로 공부를 할 수 있다. 4당 5락이라는 말은 미신이니 절대 믿지 말라고 한다. 대신에 고3이라면 6시간 수면을 추천한다. 자신도 고3 때 항상 6시간을 잤으며, 약간 부족하다 싶으면 낮에 쪽잠으로 부족한 수면을 보충하는 게 좋다고 말한다. 낮에 20분 정도 쪽잠을 자면 몸이 개운해지면서 오후 내내 집중력을 유지할 수 있다.

그렇다. 잠자는 시간을 줄이는 대신에 깨어있는 시간에 최대한 집중하는 게 공부 효율을 최대로 끌어올릴 수 있는 방법이다. 잠을 충분히 자면 집중할 수 있는 시간이 훨씬 늘어나서 결과적으로 공부량이 늘어난다. 잠을 과도하게 줄여가며 공부하는 학생들에게 한 신경학자는 다음과 같은 일침을 가하고 있다. "신체는 그 사람이 빚지고 있는 수면 시간을 잊지 않을 것이다. 잊기는커녕 늘 기억하고 있다가 갑자기 청구서를 들이밀 것인데, 치러야 할 대가는 기억력 감소, 집중력 약화, 더딘 사고 능력 등일 수 있다."

충분한 잠이
공부 효율을 높인다

서울대학교 황농문 교수는 그의 책 《몰입》에서 잠을 줄여야 합격한다는 잘못된 오해를 불식시켰다. 그가 중학교 1학년 때였다. 집에서 명문고를 합격하려면 4시간만 자야 한다면서 새벽 2시까지 공부하고 6시에 일어나도록 했다. 괴롭기는 했지만 몇 개월이 지나니 4시간 자는 습관이 몸에 배는 듯했다. 스스로도 4시간만 잔다는 사실에 대한 자부심이 생겼다. 시간이 좀 더 흐르자 주객이 전도된 모양으로, 4시간 수면을 실천했느냐 못했느냐에 따라 하루의 성패가 결정되는 느낌이 들었다. 4시간 이상 잠을 잔 날은 후회와 괴로움 속에 하루를 보내야 했다.

또한 4시간 수면이 장기화되면서 수면 부족의 부작용이 속출하기 시작했다. 공부 자체가 하기 싫어지고, 수업 시간에 집중할 수가 없었다. 수업 시간에는 졸음을 참느라 괴로웠고, 쉬는 시간에는 바로 책상에 엎드려 자야 했다. 무기력한 생활이 계속되자 당연히 4시간 수면 목표가 지켜지지 않은 날이 많았다. 목표를 달성하지 못하니 많은 날을 실패와 좌절 속에서 보내야 했다. 심지어 고등학교 2학년 때에는 살아가는 것 자체에 회의감이 들고 우울증까지 생겨났다. 잠을 줄이고 공부하는 것이 최선이라는 생각이 잘못되었다는 걸 깨달은 것은 바로 이때부터였다.

하지만 고3이 되면서 성적 압박이 더해져 한때 3시간 수면을 유지한 적도 있었다. 딱 1년만 고생하면 된다는 부모님의 강요에 군말 없이 3시간 수면을 받아들였다. 시간이 흐르면서 체력은 떨어지고 몸과 마음은 쇠약해져갔다. 감기와 편도선염으로 목에 붕대를 감고 학교를 다녀야 할 정도였다. 이런 상황이 계속되자 부모님께서 먼저 결단을 내렸다. 이러다간 서울대는커녕 아이가 과로로 쓰러져 병원 신세를 져야 할 지경이었다. 그 이후부터 잠은 필요한 만큼 충분히 잤다. 하루 6시간 정도 수면을 취했다.

그리고 시간이 지나자 놀라운 일이 벌어졌다. 잠을 필요한 만큼 충분히 많이 자는데 오히려 공부가 더 잘 되고 공부량도 훨씬 많아졌다. 잠을 충분히 자고 나니 집중이 잘되어 더 적은 시간에 충분한 양의 공부를 소화했다. 정체되었던 성적도 오르기 시작했다. 잠을 줄여 공부할 때는 공부가 그렇게 싫고 어렵게만 느껴지던 게 충분한 수면을 취하자 공부가 재미있다는 생각이 다시 들기 시작했다. 돌이켜 생각해보니 수면 부족이 공부의 역효과를 불러왔던 것이다. 그는 수면이 부족하면 공부하는 것이 지옥처럼 힘들고 학습 효율도 훨씬 떨어진다고 강조하면서, 잠은 필요한 만큼 충분히 자라고 조언하고 있다.

잠을 자면서도
공부한다

우리 뇌는 잠자는 동안 낮 동안 배운 정보를 분류하고 정리하여 기억에 남도록 만든다. 공부한 후 충분한 수면을 취한 사람이 그렇지 않은 사람에 비해 기억 양이 더 많다. 공부를 충분히 한 것 못지않게 충분한 수면이 중요한 이유이다.

뇌과학적으로도 공부는 낮에만 하는 게 아니다. 우리 뇌는 잠을 자면서도 공부를 한다. 낮 동안에는 각성 상태에서 시각, 청각, 촉각 등의 감각 기관을 통해 정보가 끊임없이 입력된다. 그러다가 수면 상태가 되면 정보의 입출력이 차단된다. 이 상태에서 우리 뇌는 낮 동안 입력된 정보들을 분류하고 저장하는 과정을 시작한다. 이 기능은 우리 뇌의 해마라는 부위에서 처리한다. 해마에서는 내가 이미 알고 있는 사전 지식과 새로운 정보의 관련성을 검토하여 중요한 것은 장기기억으로 보내고 중요하지 않은 것은 잊어버리게 한다.

그렇다면 해마에서 정보의 중요성을 판단하는 기준은 무엇일까? 그것은 바로 첫째, 정보가 입력되는 순간의 '감정의 강도'이고 둘째, 정보의 '반복 횟수'이다. 여기서 우리는 기억에 관한 두 가지 중요한 사실을 알았다. 감정의 강도와 반복이 기억의 핵심이라는 사실이다.

해마는 정보가 입력될 때 감정의 강도가 강한 것을 중요한 정보로 판단하여 장기기억에 저장한다. 그러므로 우리가 공부할 때 시각, 청각, 촉각 등 오감을 이용하고 거기에 감정을 불어넣으면 기억을 더 단단하게 붙들어 맬 수 있다.

두 번째로 해마는 정보가 반복적으로 입력되면 중요하다고 판단하여 장기기억에 저장한다. 이런 뇌과학적인 원리에 근간하여 전문가들은 복습이 기억을 강화하는 최고의 학습법이라고 말하는 것이다. 반복되지 않은 정보는 해마에서 중요하지 않다고 판단하여 폐기하므로, 공부를 잘하기 위해서는 한 번 배운 내용을 일정 간격으로 꾸준히 복습하는 것이 좋다.

정리하자면, 해마는 우리가 자고 있는 동안 전날에 학습된 정보를 정리하고 저장하는 역할을 수행한다. 학습한 후 잠을 자지 않으면 해마가 정보를 정리하고 저장하는 기능을 수행하지 못하게 된다. 따라서 충분한 학습을 했다면 잠도 충분히 자는 것이 중요하다. **해마가 입력된 정보를 기억 속에 잘 저장할 수 있게 충분한 수면을 취하는 것이 학습 못지않게 중요함을 간과해서는 안 되겠다.**

자는 동안 풀리지 않은 문제가 해결된다

예술가들은 풀리지 않았던 연주나 작곡이 잠을 자는 동안 풀렸다는 사례가 많다. 청소년 오케스트라 단원의 한 학생은 연습할 때 막혔던 부분이 하룻밤 자고 나자 자동으로 손가락이 움직이는 경험을 했다고 말한다. 또 다른 학생은 연주가 잘 풀리지 않아 15분간 단잠을 자며 휴식을 했는데, 잠에서 깬 후 막혔던 부분이 놀랍게도 매끄럽게 연주되었다고 했다.

역사를 바꾼 혁신적인 아이디어도 잠을 자면서 떠올린 사례가 많다. 뇌 연구에 신기원을 열어 노벨 의학상을 받은 오토뢰비 박사는 실험의 핵심과정이 잠자는 사이에 떠올랐다고 말한다. 소설가이자 시인인 로버트 루이스 스티븐슨은 수면 중에 ≪지킬 박사와 하이드≫의 아이디어를 얻었고, 모차르트와 베토벤 등 천재 작곡가들도 많은 곡의 악상을 잠자는 사이에 떠올렸다고 한다.

발명가 토머스 에디슨은 자면서 떠오르는 영감을 놓치지 않기 위해 깊은 잠을 피하고 항상 앉아서 선잠을 잤다고 한다. 그는 양손에 쇠구슬을 하나씩 쥐고 잠들고, 손 아래쪽에는 양철로 된 파이 접시를 하나씩 놓았다고 한다. 깊은 잠에 빠지기 직전에 쇠구슬이 떨어지는 소리에 놀라 잠을 깼었고, 그때 떠오른 생각은 무엇이든 종이에 적었다고 한다. 서울대에 수석 합격한 장승수 씨도 잠을 자는 동안 며칠간 끙끙대던 문제가 풀린 적이 많았다고 고백했다.

실제로 전문가들은 학생들에게 잠들기 직전에 평소 풀리지 않은 문제를 생각하면서 자라고 조언한다. 잠을 자는 동안 우리 뇌에서 그 문제를 통합하고 정리하는 과정을 거쳐, 아침에 깨어나면 의외로 쉽게 문제가 해결되는 경우가 많다고 한다. 수면은 단순히 신체의 피로를 푸는 것을 뛰어넘어, 학습을 정리하고 강화하는 마법과도 같은 시간이다. 이런 수면시간조차도 효과적으로 활용할 줄 안다면 진정한 공부의 고수라 할만하겠다.

20분 낮잠은
보약

　일본 후쿠오카 메이젠 고등학교에서는 매일 점심 식사 후 15분간 낮잠을 잔다. 15분이 지나면 스트레칭을 하고 오후 수업을 시작한다. 학교에서는 이 학교 학생 1,000명을 대상으로 낮잠을 잔 학생과 낮잠을 자지 않은 학생의 차이를 비교했다. 우선 수업 집중도에서는 낮잠을 잔 학생이 61%, 자지 않은 학생이 45%로 차이가 났다. 공부 의욕 또한 60%와 48%로 낮잠을 잔 학생이 높았다. 학교 관계자는 낮잠을 도입한 후 학생들의 집중력이 높아지고, 대학 입시 성적도 많이 향상되었다고 말한다.

　샌디에이고 의과 대학교 신경정신과 새라 매드닉 박사는 학생들의 부족한 수면을 보충하기 위해서는 무엇보다 낮잠이 필요하다고 강조했다. 그는 수면 부족으로 발생할 수 있는 문제의 대부분을 비교적 짧은 낮잠만으로도 해결 가능하다고 덧붙였다.

　밤에 어느 정도 충분한 잠을 잤다고 해도 깨어있는 시간이 8시간쯤 지나면 졸음이 밀려오기 시작한다. 낮에 찾아오는 졸음은 집중을 방해하고 공부의 질을 떨어뜨린다. 이럴 때 잠깐 책상에 엎드려 자는 쪽잠을 자는 것이 좋다. 쪽잠은 방전된 에너지를 재충전해주고 두뇌 능력을 올리는 데 도움을 준다. 일본 후생성에서는 건강과 작업 생산성을 위해 20~30분간 낮잠을 잘 것을 권한다.

한 설문에서 학생들의 공부를 방해하는 가장 큰 유혹이 무엇이냐고 물었다. 그중에 '잠'이 1위를 차지했다. 상위권 학생들은 졸음이 쏟아질 때, 세수를 하거나 서서 공부하는 등의 여러 가지 대처법이 있지만, 가장 많은 응답은 '그냥 자고 다시 일어나 공부한다'였다. 졸음을 참아가면서 몇 시간씩 어렵게 공부하느니, 그냥 20분 정도 쪽잠을 자고 맑은 정신으로 공부하는 게 낫다는 것이다. 20분 정도의 낮잠은 집중력과 두뇌 능력을 향상시키는 보약과 같은 것이다.

미 항공우주국 NASA에서 행한 한 연구에서 26분 동안 낮잠을 자면 비행사의 업무 능력이 34% 향상된다는 내용을 발표했다. 다른 연구에서는 밤샘근무를 하기 전에 30분 정도 잠을 자두면 밤을 새는 동안 업무 능력이 떨어지는 것을 방지할 수 있다는 사실이 밝혀지기도 했다.

렘 수면과
논렘 수면

수면에는 질적으로 다른 두 종류의 수면이 있다. 하나는 얕은 잠을 의미하는 렘(REM) 수면과 다른 하나는 깊은 잠을 의미하는 논렘(Non-REM) 수면이다. 렘 수면이 뇌가 절반쯤 깨어있는 상태라면 논렘 수면은 몸과 뇌가 푹 쉬면서 깊은 잠을 자는 상태다. 사람의 수면은 일반적으로 렘 수면에서 시작하여 논렘 수면으로 점점 이행한다. 이런 과정을 대략 90분 간격으로 반복하는데 이를 수면 주기라고 한다.

보통 6시간 수면을 취할 경우 4번의 수면 주기를 반복하게 된다. 수면은 초기 3시간 동안 가장 깊은 잠을 자게 되는데, 이를 숙면이라고 한다. 초기 3시간 동안 깊은 잠을 자게 되며 성장 호르몬 분비도 왕성하다. 따라서 잠들고 3시간이 수면 효율 측면에서는 가장 중요한 시간이 된다. 이때 잠을 푹 잘 수 있는 환경을 조성하는 것이 좋다.

기억을 분류하고 정리하는 작업은 주로 얕은 잠을 자는 렘 수면 상태에서 일어난다. 렘 수면의 렘(REM)이란 급속 안구운동(Rapid eye movement)을 말한다. 눈을 감고 잠들어 있는 상태이긴 하지만 눈꺼풀 밑에서는 안구가 움직인다. 렘 수면은 비교적 얕은 잠이라 뇌는 깨어있는 상태에 가깝다. 이때 낮 동안 활동하고 학습한 정보를 정리 정돈하고 기억을 정착시킨다. 이런 측면에서 렘 수면이 학습에 있어서는 대단히 중요한 위치를 차지한다.

알파파,
공부가 잘되는 뇌파는 따로 있다

뇌파는 뇌의 활동상태에 따라 델타파, 세타파, 알파파, 베타파로 구분할 수 있다. 델타파는 초당 1~4Hz 정도의 주파수를 보이는 매우 느린 뇌파이다. 이는 아주 깊은 수면 상태일 때 나타난다. 세타파는 초당 4~8Hz 정도의 조금 느린 주파수를 보인다. 수면으로 진입하기 직전의 얕은 잠 상태에서 주로 나타난다. 알파파는 초당 8~13Hz 정도의 느리면서 규칙적인 주파를 갖는다. 완전히 깨어 있으되 매우 편안한 상태에서 나타난다. 이 상태에 있을 때 정보를 가장 빠르게 이해할 수 있어, 학습에 최적의 상태로 본다. 베타파는 초당 13~30Hz의 빠른 주파수를 보인다. 주로 깨어 있을 때, 말할 때와 같이 모든 의식적인 활동을 할 때 나타난다. 대부분의 학생들이 이런 베타파 상태에서 공부를 시작하지만, 이는 결코 학습에 유리한 뇌파 상태가 아니라는 것을 알아둘 필요가 있다.

[표2] 뇌파와 뇌의 상태

뇌파	파장 (Hz)	뇌의 상태	비고
델타파	1~4	깊은 수면, 거의 의식이 없는 상태	Non-REM 수면
세타파	4~8	얕은 잠, 졸거나 꿈을 꾸는 상태	REM 수면
알파파	8~13	안정, 편안한 상태	최적의 학습
베타파	13~30	일상의 각성 상태	활동할 때

이처럼 4가지 뇌파의 특징을 이해하고, 공부할 때는 가능한 효율적인 뇌파 상태에서 하는 것이 좋다. 앞서 얘기했듯이 공부에 가장 효과적인 뇌파는 알파파이다. 흥미롭게도 알파파는 우리가 어느 정도 의도적으로 만들 수 있다. 자리에 편하게 앉아서 눈을 감고 심호흡을 3분 동안 하는 것만으로 알파파 상태에 도달할 수 있다. 일종의 명상과

같은 행위가 알파파를 유도한다. 반면에 보통의 일상생활에서 활성화되는 베타파 상태에서 공부하는 것은 매우 비효율적이다. 베타파 상태에서는 책을 봐도 온갖 잡생각이 떠다녀 집중하기가 매우 어렵다.

공부를 시작하기 전에는 반드시 3분 정도 심호흡을 하면서 마음을 편안하게 가라앉히는 것이 좋다고 강조했다. 3분을 아깝다고 생각하지 말자. 3분간 시간을 투자해 뇌파를 알파파로 유도해내면 나머지 1시간을 집중할 수 있다. 링컨은 "나무를 베는데 8시간이 주어진다면, 나는 도끼를 가는데 6시간을 쓸 것이다."라고 말했다. 어떤 일을 추진함에 준비의 시간을 소홀히 하지 말라는 말이다.

시간관리

지금 헛되어 보내는 이 시간이 시험을 코앞에 둔 시점에서
얼마나 절실하게 느껴지겠는가?

1분을
황금처럼 소중히

우리나라에서 가장 뛰어난 영재들이 모인다는 민족사관고등학교
(민사고). 여기서 신입생에게 가장 먼저 가르치는 것이 바로 시간관리
다. 학생들은 스스로 1분 단위로 계획을 세우고 실천해나간다. 일반학
생이라면 감히 상상도 할 수 없을 정도의 스케줄을 하루 24시간 안에
소화해나간다.

아침 6시에 기상하여 검도를 배우고, 점심시간을 쪼개 동아리 활
동을 하고, 밤 10시에 토론 모임을 갖기도 한다. 민사고의 지각 기준
시간은 8시가 아니라 8:02분이다. 1분의 소중함을 깨닫게 하기 위한

학교만의 시간 계산법이다. 민사고의 1분은 말 그대로 황금만큼 소중하다.

미국에 시간관리의 대명사라면 떠오르는 인물이 한 명 있다. 바로 100달러 지폐의 주인공 벤저민 프랭클린이다. 그는 자신만의 시간관리 수첩을 만들어 매일 기록하고 관리한 것으로 유명하다. 그는 가난 때문에 정규교육을 2년밖에 받지 못했으나, 정치가, 과학자, 저술가, 외교관, 비즈니스 전략가, 신문사 경영자 등 수많은 타이틀의 업무를 수행한 사람이다.

그가 수많은 분야에서 다양한 일을 처리할 수 있었던 것은 철저한 시간관리 덕분이다. 그는 이런 말을 남겼다. "그대는 인생을 사랑하는가? 그렇다면 시간을 낭비하지 말라. 왜냐하면 인생은 바로 시간으로 이루어져 있기 때문이다."

학 습 계 획

공부하는 학생이라면 하루 3시간 이상은 자기 혼자 공부하는 시간을 가져야 한다. 학원이나 과외는 혼자 공부하는 시간이 아니다. 학원이나 과외를 열심히 들었다고 해서 절대 성적이 쑥쑥 향상되지 않는다. 중요한 것은 혼자 공부하는 시간을 충분히 가져야 한다는 사실이다. 혼자 공부하는 시간이 부족하다면 학원이나 과외를 줄여서 반드시 하루 3시간 이상을 확보해야 한다. 이것이 공부하는 학생들의 시간 관리의 시작이다.

공부시간이 확보되었다면 다음은 학습계획을 세워야 한다. 학습계획은 1년, 1달, 1주, 1일 계획이 보통이지만, 무엇보다 중요한 것은 주간 단위와 일일 계획이다. 계획을 짰는데 계속해서 계획대로 실천하지 못한다면, 그건 잘 못된 설계다. 자신의 경험과 현실에 맞게 다시 계획을 짜야 한다.

학습계획을 짜서 공부를 하면 다음과 같은 장점을 동반한다. 첫째, 오늘 할 일을 내일로 미루지 않게 된다. 오늘 끝내야 할 확실한 목표가 있으면 그것을 달성하려는 의욕이 생겨난다. 둘째, 쓸데없이 빈둥거리거나 딴짓하는 시간을 줄여주기 때문에 시간을 효율적으로 활용하게 된다. 공부도 계획에 따라서 하고, 쉬는 것도 계획에 따르므로 의미 없이 낭비하는 시간을 줄일 수 있다. 셋째, 목표를 달성할 때마다 작은 성취감이 생기고, 성취감이 쌓이면 무엇이든 할 수 있다는 자신감이 길러진다.

미국의 미래학자 제임스 보트킨은 성공하는 사람들의 시간 패턴을 분석하여 15:4법칙을 만들었다. 즉, 하루 업무를 시작하기 전에 15분 동안 무엇을 할 것인지를 생각하면 나중 4시간을 절약할 수 있다는 게 15:4법칙이다. 그는 미리 하루의 일을 생각해서 우선순위를 정하고 하루의 업무를 조직화한 사람은 생각 없이 하루를 보내는 사람들보다 성공할 가능성이 훨씬 높다고 말한다.

15:4법칙은 공부하는 학생들에게도 그대로 적용된다. 15분 동안 주간 계획과 일일 계획을 세우고 공부를 시작하면 4시간을 낭비 없이 보낼 수 있다. 자율학습시간에 무엇을 공부할지, 자투리 시간은 어떻게 활용할지를 미리 계획하고 있다면 막상 그 시간이 닥쳐도 허둥대지 않고 시간을 제대로 활용할 수 있는 것이다.

전문가들은 우리가 계획을 세우지 않으면 기껏해야 우리 능력의 30~40% 밖에 발휘하지 못한다고 말한다. 또한 종일 도서관에서 앉아 있는 대학생들을 상대로 분석한 결과는 더욱 흥미롭다. 계획을 세우지 않은 학생들은 비록 그들이 도서관에 머무는 시간이 8시간이나 되었지만, 실제로 공부한 시간은 2~3시간에 불과했다.

습관의 힘

성공한 사람들은 성공하는 습관과 사고방식을 가지고 있다. 그들에게는 새벽 기상, 명상, 독서, 운동, 철저한 시간관리 등의 습관이 있었다. 이처럼 습관은 매우 중요한 것이다. 우리가 하루를 살면서 의식적으로 사고하고 행동하는 게 20%이고, 무의식적인 행동이 80%에 달한다고 한다. 무의식적인 행동은 대부분 우리 몸에 밴 습관에 지배

받는 것들이다. 좋은 습관을 만들어 놓으면 더 나은 방향으로 변화하는 건 당연한 말처럼 들린다.

공부도 습관이다. 공부가 습관이 되면 하기 싫다는 거부감이나 정신적 부담이 사라진다. 공부가 아직 몸에 배지 않은 학생이라면 공부를 습관화하도록 노력해보자. 습관을 만든다는 것은 어찌 보면 쉬운 일이다. 작심삼일을 7번 정도만 반복하면 내 몸에 습관이 생긴다. 우리 뇌는 예상외로 인내력이 뛰어나다. 부신 피질의 방어 호르몬이 아무리 하기 싫은 일도 3일 동안은 지속할 수 있게 도와준다.

공부가 하기 싫다는 생각이 들 때마다 딱 3일만 해보자고 생각하자. 이렇게 7번이 반복되면 나도 모르게 책상 앞에 앉는 게 어렵지 않게 된다. 공부습관이 완성된 것이다. 또한 우리 뇌는 작은 성취감을 달성할 때마다 즐거움을 느낀다. 이때 뇌는 도파민이나 세로토닌과 같은 쾌감 호르몬을 내보내 스스로에게 보상을 준다. 이 과정을 반복하면 습관이 된다. 3일씩 끊어서 결심을 계속하고, 목표가 달성되면 스스로를 보상하는 것을 반복하면 공부도 습관화할 수 있는 것이다.

습관을 바꾸려면
Small Step 전략으로

우리 뇌는 크게 3개의 부분으로 구성되어있다. 간단히 말하면, 첫째 파충류의 뇌라고 불리는 대뇌 기저핵이다. 이곳은 생명 중추이다.

생명과 직결되는 기능인 식욕, 수면, 호흡, 성욕 등에 관여한다. 두 번째는 포유류의 뇌라고 불리는 대뇌변연계이다. 동물의 세계에서 주로 볼 수 있는 위험이 포착되면 도망갈지 싸울지 등을 판단하는 곳이다. 우리의 감정을 주로 담당한다. 마지막으로 인간에게만 특히 발달된 대뇌신피질이라는 곳이 있다. 창조적 생각과 이성적 판단, 행복 등 고등의 감정을 조절한다.

학습에서 중요한 곳은 두 번째로 언급된 대뇌변연계이다. 이곳에서 공부를 할지 말지, 공부가 재미있는지 싫은지를 관장하기 때문이다. 대뇌변연계는 동물의 뇌라고 했다. 동물들은 항상 똑같은 행동만 하려고 하며 새로운 변화를 두려워한다. 새로운 변화는 위험신호로 간주하기 때문이다. 초원의 사슴이 여유롭게 풀을 뜯다가 주변에 갑자기 이상 신호가 생기면 포식자가 나타난 것으로 간주하고 일단 도망친다. 뇌에서는 뭔가 새로운 신호가 잡히면 위험이라고 간주하는 것이다.

공부할 때도 마찬가지다. 안 하던 공부를 갑자기 하려고 덤벼들면, 즉시 동물적인 변연계가 반발하기 시작한다. 앞서 말한 것처럼 새로운 변화는 위험 신호로 간주되기 때문이다. 그렇다면 어쩌란 말인가? 뇌의 반응에 순응하여 공부를 시작도 하기 전에 포기할 수는 없는 일 아닌가. 여기에 대한 해답으로 간단하고 쉬운 방법이 있다. 최근에 이것의 해결법을 다룬 책들만 수십 권 쏟아져 나올 정도로 뇌과학적으로도 검증된 방법이다. 바로 Small Step 전략이다.

Small Step 전략은 첫 발을 아주 작게 내딛는 전략이다. 공부를 전혀 하지 않다가 내일부터 하루 6시간씩 공부하겠다는 계획을 세우면 당장 우리 뇌에서 크게 반발한다. 평소와 달리 변화가 클수록 두려움도 커진다. 이때 우리는 큰 변화가 아니라 아주 작은 변화라고 우리 뇌를 속여야 한다. 바로 처음에는 살살 시작하는 것이다. 첫 3일은 하루 30분, 다음 3일간은 하루 1시간, 그다음은 하루 2시간, 이런 식으로 서서히 공부시간을 늘려가는 것이 공부에 흥미를 붙이는 아주 좋은 방법이다.

작업 흥분

유난히 공부하기 싫거나 만사가 귀찮다고 생각되는 날이 있다. 이런 날도 억지로라도 일어나 책상에 앉아 책을 읽기 시작하면 슬슬 공부가 되기 시작한다. 일단 시작하고 하다 보면 어느새 의욕이 생겨나고 가속도가 붙는다. 잠자고 있던 두뇌의 신경세포들이 서서히 활성화되기 때문이다. 전문가들은 이런 현상을 '작업 흥분'이라고 부른다.

즉, 일단 시작하면 저절로 계속하게 되는 관성의 법칙과 같은 것이 작업 흥분이다. 처음부터 의욕이 있어야만 시작하는 게 아니고, 먼저 책상 앞에 앉기만 해도 꾸역꾸역 공부가 되기 시작한다. 그러다가 시간이 조금만 더 지나면 공부가 재미있어진다. 이것이 우리 뇌가 가지

고 있는 특징이다. 그러니 하기 싫다는 마음이 생기더라도 일단 시작
하자. 시작만 해도 절반이 성공이다. '시작이 반이다'라는 말은 뇌과학
적으로도 틀린 말이 아니다.

휴식시간
관리

KBS에서 초등학생을 대상으로 10분 휴식을 할 때와 그렇지 않을
때의 차이를 알아보는 실험을 했다. 한 그룹에게는 쉬지 않고 60문제
를 계속해서 풀게 했고, 다른 그룹은 중간에 쉬는 시간 10분을 주었
다. 그 결과 쉬지 않는 그룹은 시간이 지날수록 스트레스가 점점 높아
졌고, 10분 휴식을 취한 그룹은 집중도가 3배 올라갔다. 망각률 또한
4배나 더 낮았다.

휴식의 장점은 앞장에서 설명한 초두 효과와 최신 효과로도 설명
된다. 우리 뇌는 맨 처음 본 것과 맨 나중에 본 것을 더 잘 기억하도록
설계되어있다. 그렇기 때문에 공부할 때는 자주 휴식을 취해 공부의
첫 부분과 끝부분을 많이 만들수록 유리하다. 반면 1시간 이상 쉬지
않고 공부하면 집중력이 떨어져 기억이 줄어든다. 휴식 직후에는 가급
적 취약과목을 먼저 공부하는 게 좋다. 쉬고 난 후에는 우리 뇌가 신
선하게 리셋되어 새로운 내용을 더 잘 받아들이게 된다.

휴식시간은 10분을 넘지 않는 것이 좋다. 10분 이상을 넘어가면

다시 학습으로 되돌아오기 싫은 생각에 빠져버리기 때문이다. 뉴턴의 관성의 법칙이 뇌에도 그대로 적용되는 것이다. 휴식시간에는 TV나 라디오 따위를 들으면서 새로운 자극을 뇌에 입력하지 말고, 명상이나 음악 감상 등 뇌를 편안하게 쉬어주는 게 좋다.

필요 이상으로
공부하지 않기

대부분의 학생들이 공부시간이 많을수록 성적이 더 좋아질 것이라고 생각한다. 이는 반드시 맞는 말이 아니다. 공부는 효율적으로 하는 게 중요하다. 효율적인 공부는 중간에 적절한 휴식을 필요로 한다. 한 번에 너무 장시간 공부하는 것은 오히려 공부 효율을 떨어뜨린다.

스탠퍼드 대학의 연구에 따르면, 주당 48시간 이하 근무는 일하는 시간과 생산량이 비례하지만, 그 이상의 근무는 비례하지 않고 오히려 생산성이 떨어졌다. 연구진은 주당 60시간을 일하는 사람의 생산량은 주당 40시간 일하는 사람의 3분의 1밖에 되지 않는다는 사실을 밝혔다. 이처럼 일정 시간 이상의 무리한 근무는 생산성이 하락하고 작업의 품질도 떨어지게 된다.

03 운동

위대한 생각을 하라.
인간은 자신의 생각보다 높은 곳으로 절대 오르지 못한다.
— 벤저민 디즈레일리

드라마 〈미생〉에는 체력의 중요함을 언급한 장면이 나온다. "네가 이루고 싶은 게 있다면, 체력을 먼저 길러라. 네가 종종 후반에 무너지는 이유, 손상을 입은 후에 회복이 더딘 이유, 실수한 후 복구가 더딘 이유, 다 체력의 한계 때문이야. 체력이 약하면 빨리 편안함을 찾게 되고, 그러면 인내심이 떨어지고, 그리고 그 피로감을 견디지 못하면, 승부 따위는 상관없는 지경에 이르지. 이기고 싶다면, 네 고민을 충분히 견뎌줄 몸을 먼저 만들어. 정신력은 체력의 보호 없이는 구호밖에 안 돼."

운동이
기억을 강화한다

운동은 뇌에 공급되는 산소량을 30% 이상 늘려준다. 산소량이 많아지면 뇌는 더 활발히 움직인다. 운동의 또 다른 효과는 뇌의 혈류량에 있다. 뇌의 혈류량이 많아지면 뇌가 전체적으로 더 활발하게 움직이게 된다. 책상 앞에 앉아서 공부만 하는 것보다는 잠깐이라도 운동을 해줌으로써 뇌를 더 자극할 수 있다.

미국 캘리포니아대 칼 코드만 교수팀은 쥐를 대상으로 운동이 뇌 발달에 미치는 영향에 관한 실험을 했다. 그 결과, 매일 달리기와 같은 유산소운동을 한 쥐는 다른 쥐보다 기억을 관장하는 해마가 더 발달한다는 사실을 밝혀냈다. 운동이 기억을 강화한다는 말이다.

과학자 프레드 게이지도 19개월 된 늙은 쥐를 가지고 유사한 실험을 했다. 늙은 쥐에게 운동을 시키자, 뇌에서 새 신경조직이 생성되기 시작했다. 운동을 하지 않을 때보다 무려 50%나 많은 수치였다. 또한 운동을 시키자, 늙을수록 나타나게 되는 노화 현상이 서서히 줄어들기 시작했다.

인체에도 유사한 연구 결과가 있다. 일주일에 두 번 정도 에어로빅과 같은 신체활동을 하는 노인들은 알츠하이머 발병 확률이 60%나 낮은 것으로 확인됐다.

KBS에서 기억력에 관한 사이언스 다큐를 촬영하는 과정에서 이 분야의 전문가인 뉴욕 시립대학교 정신과 포르투나토 바탈리아 박사에게 기억력 향상을 위한 조언을 구했다. 그러자 그는 이렇게 답했다. "우리가 할 수 있는 가장 좋은 것은 운동이다. 두 번째로 좋은 것은 뇌를 사용하는 것이다. 퍼즐도 즐기고, 간단한 과제도 수행하고, 독서도 하면서 계속 활동하고 배워야 한다. 그것이 뇌를 위해 할 수 있는 최선의 일이다. 뇌 자체는 다른 어떤 기관보다도 호흡 체계와 산소, 혈관을 훨씬 많이 활용하는 기관이다. 그 체계를 건강하게 유지하면 뇌도 건강하게 유지된다. 모든 뉴런이 생기가 넘치고 제대로 기능할 수 있게 된다. 따라서 기억력 향상은 기본적으로 혈관계를 건강하게 유지하는 것과 관련이 있다."

일본 복지대학의 구보타 키소우 교수는 일주일에 2~3회 달리기를 하는 사람과 그렇지 않은 사람을 대상으로 단기 기억량 차이를 조사했다. 달리기를 시작하는 전에 실시한 단기 기억량 테스트에서는 두 그룹 모두 별 차이 없이 각각 65%의 정답률을 보였다. 12주 후 두 그룹의 테스트를 한 결과, 달리기를 계속한 그룹의 정답률은 95%까지 높아지는 매우 유의미한 결과를 나타냈다. 하지만 달리기를 하지 않은 그룹은 70%에 그쳤다. 달리는 운동이 뇌의 전두전야를 활성화시켜 단기 기억량을 향상시킨 결과를 만들어낸 것이다.

운동이
공부 효율을 높인다

　미국의 한 연구에서 전국 고등학교 우등생들의 공통적인 특징을 분석했다. 그중 가장 놀라운 사실은 우등생 대부분이 규칙적인 운동을 한다는 것이다. 어떤 일이 있더라도 하루 30분 줄넘기나 달리기, 농구 같은 운동을 꾸준히 하고 있었다. 그들은 공부를 잘하려면 강인한 체력이 뒷받침되어야 한다는 사실을 잘 알고 있었다. 체력이 떨어지면 공부 의욕과 인내력, 집중력이 떨어져 공부 효율이 낮아진다. 결과적으로 운동시간 30분은 공부시간을 갉아먹는 낭비가 아니라, 공부 효율을 최대로 올려주는 투자의 시간인 것이다.

　미국 일리노이주 네이퍼빌 센트럴 고등학교에는 2005년부터 0교시 체육수업이 시작됐다. 학생들은 매일 아침 운동장을 1.6km 달린다. 그러자 의외의 놀라운 결과들이 속출하기 시작했다. 학생들의 읽기 능력이 17% 향상되었고, 집중력과 기억력, 수업태도 등 많은 부분이 좋아졌다. 또한 이 고등학교 학생들은 세계 학업성취도평가 팀스(TIMSS)에서 과학 1등, 수학 6등을 기록하기도 했다. 모두 아침 0교시 체육활동이 가져다준 성과들이다. 이 학교를 본보기로 미국에서는 아침 0교시 체육수업을 미국 전역으로 확대하자는 붐이 일었다.
　우리나라 학교와 산업현장에서도 운동을 일상화하여 성과를 높인 사례들은 많다. 부산 금정중학교에서는 점심시간에 108배를 한다. 108배가 끝나면 명상을 하고 차를 마시며 마무리한다. 여기에 참여한 학생들은 인내력과 집중력, 자신감이 높아지고 의욕이 생겨 공부에 도움이 된다고 한다. 한국화장품 공장 직원들은 매일 아침 10분간 강당에 모여 탈춤을 춘다. 이 회사는 탈춤 덕분에 산업재해 제로를 꾸준히 유지하고 있다고 한다.

이상에서 살펴봤듯이 운동은 공부를 잘하게 만드는 전제조건이 확실해 보인다. 전문가들은 일주일에 3~4번, 하루 30분 이상 약간의 땀이 날 정도의 운동이 가장 효과적이라고 말한다. 그러나 공부하는 학생들은 운동할 시간을 따로 내기가 어려울 수 있으므로 5~10분 단위로라도 짬짬이 시간이 날 때마다 운동을 해주는 게 좋다.

여기에 학생들이 실질적으로 활용 가능한 운동방법 몇 가지를 제안해본다. 아침에 일어나면 스트레칭과 가벼운 맨손체조를 하는 습관을 들인다. 등하교 시 가까운 거리는 걷거나 뛰는 것도 좋다. 서울대 수석 합격한 장승수 씨도 운동할 시간이 부족할 때는 이 시간을 이용해서 달리기를 했다고 한다. 학교에서는 쉬는 시간에 친구와 함께 경쟁하듯 운동장 한두 바퀴를 전력질주한다. 집에서는 공부 중간에 윗몸 일으키기나 팔굽혀펴기를 3분 정도 하는 것도 추천한다. 잠들기 전에는 5분 명상으로 하루를 정리한다.

바른 자세와 심호흡을
습관화하자

자세가 나쁘면 뇌에 충분한 산소가 공급되지 못한다. 의자에 앉아 공부할 때는 등을 곧게 펴고 바르게 앉아야 한다. 그래야 뇌에 산소 공급이 원활해지고 뇌의 활성도도 높아진다. 따라서 공부할 때는 등을 곧게 펴고 호흡을 깊고 길게 하는 습관을 들이자. 또한 가끔 공부 중간이나 쉬는 시간에 심호흡이나 명상을 하는 것도 추천한다.

심호흡이나 명상은 학습 효율을 최적화시켜주는 뇌파인 알파파를 만들어낸다. 또한 뇌의 행복 호르몬이라 불리는 세로토닌 분비를 촉진시켜서 우리 몸과 마음에 활력을 불어넣어 준다. 짧은 호흡은 세로토닌이 분비되지 않지만 심호흡을 하면 세로토닌이 분비된다. 뇌에 세로토닌이 부족하면 우울증이 찾아온다. 실제로 우울증 환자에게 처방되는 약은 세로토닌 분비를 돕는 것들이라고 하니, 우리 몸에서 세로토닌의 역할이 얼마나 중요한지 실감할만하다.

공부할 때도 세로토닌이 부족하면 공부할 의욕이 생기지 않는다. 또한 집중력과 기억력이 떨어진다. 그렇다면 이처럼 유용한 세로토닌의 분비를 늘리는 방법을 없을까? 정신과 전문의이자 뇌과학자인 이시형 박사는 그의 책 ≪공부하는 독종이 살아남는다≫에서 여러 가지 다양한 방법으로 세로토닌 분비를 늘릴 수 있다고 말한다. 그중 공부하는 사람이 알아두면 도움이 되는 3가지를 뽑았다.

1. 꼭꼭 씹어 먹기

세로토닌은 잘 씹어야 분비된다. 옛날에는 하루 6,000번 이상 씹었지만 지금은 200번이 고작이다. 우유, 햄버거, 핫도그, 아이스크림 등 요즘 음식들은 너무 부드러워서 씹을 게 없다. 껌을 씹는 것도 세로토닌 분비를 촉진시키는 하나의 방법이다.

2. 배 속까지 깊게 호흡하기

사람들의 평소 호흡은 매우 얕고도 짧다. 이런 호흡은 세로토닌이 전혀 분비되지 않는다. 단전까지 내려가는 깊고 긴 호흡을 하면 세로토닌 분비가 촉진되어 마음이 편안해지고 공부하기 좋은 상태가 된다.

3. 걷기

옛날 사람들은 하루 24Km를 걸었다. 수렵과 채집 생활에서는 걷기를 빼면 생존이 불가능했다. 따라서 우리 유전자는 걷는 일이 즐겁도록 설계되어있다. 오늘날 사람들은 너무 걷지 않아 우울증이 생기기도 한다. 기분이 가라앉았을 때, 상쾌한 기분 전환이 필요할 때는 밖으로 나가 햇볕을 온몸에 받으며 걷자. 걸으면 행복 호르몬인 세로토닌이 분비된다.

04

식사

오늘 걷지 않으면 내일은 뛰어야 한다.

아침을 거르면
성적이 떨어진다

한 연구기관에서 아침식사를 하지 않는 것과 학업 성적의 상관관계에 대한 조사를 실시했다. 조사는 초등학교 4학년생과 중학교 1학년생을 대상으로 하였다. 먼저 초등학교 4학년생을 대상으로 주요 과목 테스트를 한 결과, 아침을 먹는 아이들은 73.5%, 먹지 않은 아이들은 57.6%의 정답률을 보였다. 중학교 1학년생의 테스트 결과는 아침을 먹는 아이들이 62.7%, 먹지 않은 아이들은 57.1%의 정답률을 보였다. 이 결과를 통해 아침을 먹는 아이들이 먹지 않은 아이들에 비해 학업 성적이 더 뛰어나다는 사실을 확인할 수 있다.

우리의 뇌는 체중의 약 2%에 불과하지만 에너지 소모량은 20% 이상으로 다른 장기에 비해 상당히 높은 편이다. 뇌는 그만큼 에너지를 많이 소비한다. 뇌는 에너지로 포도당을 사용한다. 하지만 뇌에는 포도당을 생산하거나 저장하는 기능이 없다. 포도당을 생산하고 저장하는 기능은 주로 간에서 담당한다. 간에서는 포도당을 글리코겐 상태로 저장해 두었다가 필요할 때마다 포도당으로 분해해서 공급한다. 하지만 간의 글리코겐 비축량도 60그램 정도로 한계가 있다. 이 때문에 뇌에 포도당을 공급할 수 있는 것도 12시간 정도뿐이다.

뇌는 수면 중에도 활동하며 에너지를 소모한다. 따라서 아침이 되면 뇌의 에너지는 거의 바닥이 난다. 이런 뇌의 특성으로 인해 아침식사를 거르면 뇌에서 이미 바닥난 포도당을 제때 공급받지 못해 뇌의 활동량이 떨어지게 되는 것이다. 아침을 거른 학생의 뇌는 오전 내내 에너지 부족 상태가 되어 제대로 활동할 수 없게 된다.

이런 이유 때문인지 상위권 학생들은 90% 이상이 아침 식사를 하는 것으로 나타났다. 공부하는 학생이라면 아침식사를 거르지 않도록 하자.

건강한 식단이
성적을 높인다

음식과 기억력의 상관관계를 실험한 연구결과는 수없이 많다. 결론부터 얘기하자면 좋은 식재료와 건강한 식단은 학생들의 주의력과 집중력의 향상을 돕는다. 그 결과는 학생들의 성적과도 직결된다.

영국에서는 학교 급식에서 인스턴트식품을 없애자는 캠페인을 벌인 적이 있다. 튀김 감자보다는 구운 감자를, 가공식품보다는 신선한 채소를, 식품 첨가물이 들어있는 음료수보다는 신선한 과일 주스를 마시게 했다. 그러자 학생들의 기억력과 집중력이 향상되는 변화를 보이기 시작했다.

영국의 패트릭 홀포드 박사는 1980년대부터 음식과 두뇌의 관계를 연구했다. 그는 학업 성적이 저조했던 한 초등학교를 대상으로 한 가지 실험을 했다. 학교 급식에서 햄버거, 감자 칩, 튀김, 소금과 인공조미료를 빼고 현미밥과 채소 위주의 건강한 식단으로 바꾼 후 학생들의 변화를 살폈다. 7개월이 지나자 학생들의 성적은 놀라울 정도로 향상되었고, 학교 폭력 또한 크게 줄었다.

미국 뉴욕에서도 가공식품과 정크푸드를 빼고, 유기농산물로 급식을 개선하면서 학생들의 평균 성적이 41% 올라가는 결과를 가져오기도 했다. 건강한 식단이 아이의 두뇌를 발달시킨다는 사실은 더 이상 의심할 여지가 없어 보인다.

식습관에서 특별히 주의할 점은, 패스트푸드, 인스턴트식품, 합성색

소나 화학조미료가 많은 가공식품을 줄이는 것이다. 이는 뇌 기능을 활성화하는데 필요한 신경전달물질의 합성을 방해한다고 알려지고 있다. 아울러 트랜스지방을 과다 섭취할 경우 집중력과 학습능력이 떨어지고, 정서불안이 나타난다는 연구결과도 있다. 트랜스지방은 과자, 도넛, 빵, 치킨, 팝콘 등 우리가 즐겨 먹는 튀긴 음식에 많이 들어있다.

오랫동안 꼭꼭 씹어 먹는
습관을 들이자

음식을 먹을 때는 오랫동안 꼭꼭 씹어 먹는 게 좋다. 전문가들은 한 번에 20~30번 정도 천천히 씹은 후 삼키라고 조언한다. 음식을 씹는 행위 자체만으로 뇌가 활성화된다는 연구결과가 있다. 꼭꼭 씹으면 턱의 근육이 움직이게 되고, 이는 또한 뇌를 자극하게 된다. 그 결과, 뇌의 혈류량이 평소보다 7배 가까이 증가하고 뇌가 활성화된다.

한 연구에서 쥐를 대상으로 씹는 것과 두뇌발달의 상관관계를 실험했다. 한쪽 쥐에게는 일부러 많이 씹을 수 있도록 고형 형태의 음식을 주었고 다른 쥐에게는 가루 형태로 준 후에 지능검사를 해보았더니, 고형 형태의 먹이를 먹은 쥐의 성적이 훨씬 더 좋았다는 결과가 보고되었다.

또한 음식물을 꼭꼭 씹어 먹으면 침의 분비량이 늘어나 건강에도 좋다. 침에는 소화효소와 살균 효소가 많이 포함되어있기 때문이다.

시험 당일에는
꿀물 한잔

시험을 치르는 날에는 평소보다 훨씬 많은 에너지가 소모된다. 그렇기 때문에 시험 당일에는 아침을 든든하게 먹는 게 좋다. 흰쌀밥보다는 현미밥이 좋다. 현미는 비교적 천천히 분해되고 흡수되므로 시험이 끝날 때까지 충분한 에너지를 공급할 수 있다. 또한 시험날에는 아침에 꿀물을 한 잔 마시면 효과적이다. 꿀물은 뇌의 에너지원인 포도당을 공급해 단기적으로 두뇌 회전에 도움을 준다.

반면 평소에 꿀물이나 사탕 등 단것을 자주 먹으면 오히려 몸에 좋지 않다. 당분이 많은 식품은 잠깐 동안만 효과가 있을 뿐, 자주 먹으면 혈당을 떨어뜨려 오히려 뇌 기능을 저하시킨다.

과식하면
졸린다

음식은 적당히 먹는 게 좋다. 자신의 양보다 많이 먹으면 포만감이 밀려와 졸리게 된다. 적당히 먹는다는 것은 자신의 평소 식사량의 80% 정도로, 배부르다는 생각이 드는 순간 숟가락을 놓고 식사를 중단하는 것이 좋다. 저녁에 먹는 야식도 가능한 자제하는 것이 좋다. 밤에 먹은 음식은 소화도 잘 안될 뿐만 아니라 숙면을 방해하여 다음날까지 피곤을 부르기도 한다.

05

슬럼프

생각하는 대로 살지 않으면, 사는 대로 생각하게 된다.
- 폴 부르제

슬럼프,
최선을 다한 사람에게만 찾아오는 손님

정신건강의학과 전문의이자 마음누리 학습 클리닉 원장을 맡고 있는 정찬호 박사는 그의 저서 《마음동행》을 통해서 100명 중 80명의 고등학생이 슬럼프를 겪은 경험이 있다고 밝혔다. 이와 함께 슬럼프 탈출을 위한 처방을 다음과 같이 제시하고 있다.

첫째, 나만 슬럼프를 겪는 게 아니다. 수험생의 80%가 슬럼프를 겪는다. 만일 슬럼프가 없다면 그건 역설적으로 공부를 안 했다는 증거다. 처음부터 공부를 포기하고 게을리했다면 슬럼프란 손님은 찾아오지도 않는다. 내게 찾아온 슬럼프는 그만큼 내가 열심히 공부했다는 증거이므로 손님을 반갑게 맞이하자.

둘째, 나에게 상을 줄 때가 왔다. 앞서 말했듯이 슬럼프란 노력의 결과로 필연적으로 따라오는 것이다. 슬럼프가 찾아왔다면 나에게 상을 줄 때가 왔다고 생각하라. 그리고는 평소에 못했던 여행도 가고 영화도 보고 친구들과 수다도 떨고 맛있는 것도 사 먹어라. 이 시간을 아까워하지 말아라. 이보 전진을 위한 일보 후퇴이자, 더 멀리뛰기 위해 잠시 움츠리는 것이다.

셋째, 낙관적으로 생각하라. '다 잘 될 거야'라고 자기 암시를 걸어라. 미국의 심리학자 마틴 셀리그만은 비관적인 사람보다 낙관적인 사람이 성공한다고 했다. 수험 생활도 마찬가지다. 비관주의자가 되지 않으려면 긍정적으로 생각하고 말하는 노력을 하자.

슬럼프란 다른 말로 번 아웃(Burn out)이라고 한다. 스트레스성 신경쇠약을 이르는 말이다. 정 박사는 우리나라 수험생의 스트레스 지수를 직접 조사한 적이 있다. 미국의 심리학자 홀메스와 라체가 개발한 프로그램으로 스트레스를 받는 상황 43가지를 설정하고 100점부터 11점까지 스트레스 지수를 매기는 방식을 따랐다. 예를 들어 배우자 사망은 100점으로 1위, 사소한 법률 위반은 11점으로 43위라는 식이다. 이들의 임상 연구에서는 1년 동안 스트레스 지수의 합이 300점을 넘는 사람 중 79%가 몸과 마음의 질병을 얻었다.

정 박사는 이 기준에 따라 수험생의 스트레스 지수를 측정했다. 꼼짝없이 갇혀 있는 상태(63점) + 생활 조건의 변화(25점) + 수면 습관 억제(24점) + 취미 활동 제한(19점) 등등 모두 합쳐보니 우리나라 수험생이 받는 스트레스 지수는 300점을 훌쩍 넘겨버렸다. 정 박사는 이런 결과를 토대로 우리나라 수험생의 10명 중 8명이 슬럼프를 겪는 것은 당연한 결과일 수밖에 없다는 결론을 내렸다.

골프 천재 타이거 우즈 또한 종종 자기 제어에 실패하면 그때마다 정신과 전문의의 도움을 받는다고 한다. 고도의 집중력을 필요로 하는 골프에서 최종적으로 승부를 가르는 건 마음가짐이기 때문이다.

공부 역시 마찬가지다. 마음먹기에 따라 슬럼프를 가볍게 극복하기도 하고 그렇지 않을 수도 있다. 다시 한번 강조하지만 슬럼프는 나에게만 찾아오는 것이 아니다. 수험생이라면 빠지지 않고 거쳐야 하는 일종의 통과의례와 같은 것이다. 그러니 슬럼프가 찾아오면 반갑게 맞이하고 낙관적으로 생각하자.

올림픽을 준비하는 운동선수들도 공부하는 학생 못지않게 슬럼프에 곧잘 빠진다. 유도 금메달리스트 김재범 선수도 슬럼프는 노력하는 사람에게 찾아오는 징조라고 강조했다. "슬럼프가 뭐라고 생각하세요? 노력하고 있는데, 그만큼 결과가 안 나와서 제자리걸음 하는 거잖아요. 물론 이렇게만 보면 안 좋을 수 있죠. 하지만 저는 슬럼프가 정말 노력한 사람한테만 오는 징조라고 생각해요. 이렇게 생각하면 슬럼프가 좋은 거죠. 노력하지 않으면 슬럼프도 오지 않는다는 거니까요. 그래서 저는 슬럼프를 슬럼프라고 얘기한 적이 단 한 번도 없었어요. 저는 보름에 한 번씩 그런 슬럼프가 온 것 같아요. 그때는 그냥 '아, 이제 왔구나, 이제 내가 10바퀴 뛰었으니 1바퀴만 더 뛰면 되는구나. 이때 넘어서야 되는구나'라고 생각해요. 체력은 한계에 다다랐지만 이것만 넘어서면 되니까. 여기서부터 한 번 더 해야겠다고 마음을 고쳐먹는 거죠. 끝이라고 생각하는 순간 한 걸음 더 나가는 게 중요해요."

자신을 위해 최선을 다하지 않은 사람에게는 슬럼프가 찾아오지 않는다. 슬럼프는 분명 반갑지 않은 손님이지만, 열심히 노력하는 사람에게만 찾아온다니 위안을 삼자. 개구리가 더 멀리뛰기 위해 몸을 움츠리듯이 공부하는 학생에게 슬럼프는 한 단계 레벨업을 위한 도약의 시간이라고 생각하고 반갑게 맞이하자.

좌절감,
더 많은 노력으로 극복하자

공부를 하다 보면 아무리 노력해도 성과가 나오지 않을 때가 있다. 분명 남들보다 더 많은 시간을 공부하고, 문제집도 여러 권 풀었음에도 성적이 나오지 않을 때는 좌절감에 빠진다. 자기 자신이 한심스럽고 바보가 아닌가 하는 생각이 들기도 한다. 하지만 이것도 너무 걱정할 것은 아니다. 나만 그런 게 아니기 때문이다. 공부하는 학생들 대부분이 비슷한 좌절감에 빠지곤 한다.

이는 과학적으로도 검증된 이론이다. 공부는 계단식으로 성과가 나오기 때문에, 중간중간에 정체기라는 평단면에 머무르는 시기가 반드시 온다. 이때 대부분의 학생들은 자신의 지능이 떨어지기 때문이라는 둥, 나는 공부할 체질이 아니라는 둥, 좌절감에 빠진다. 하지만 절대 그렇지 않다. 눈에 보이지는 않지만 분명 성장하고 있는 것이다.

《혼자하는 공부의 정석》을 펴낸 한재우 작가는 그의 책에서 좌절감은 다름 아닌 욕심 때문에 생기는 경우가 많다고 강조한다. 남들보다 쉽게 성취하고 싶은 욕심, 자신의 노력보다 더 빨리 성과를 내고 싶은 욕심 때문에 좌절감이 생기는 것이다. 문제는 이런 욕심이 실제로 무언가를 이루어내는데 아무런 도움이 되지 못한다는 것이다. 오히려 욕심이 과해 좌절감이라는 상처로 되돌아오는 것이다.

그는 이런 좌절감에 대한 처방으로 '많이 노력하고 조금만 얻어도 좋다. 오래 공부하고 느리게 성취해도 좋다. 남들이 다 가고 나서 가장 꼴찌로 내가 가도 좋다.'라는 욕심을 버리는 마음가짐을 가지라고 말한다. 다시 말해 '인백기천(人百己千)', 남들이 백을 한다면 나는 천을 하겠다는 자세가 좌절감을 극복하는 핵심 열쇠라고 강조한다.

인백기천이란 말을 생활신조로 새긴 사람들은 의외로 많다. 수학계의 노벨상이라 불리는 필즈상을 수상한 일본의 히로나카 헤이스케는 '남보다 두 배의 시간을 들이는 것'을 신조로 삼아 세계 최고의 수학자 반열에 올랐다.

의사, 컴퓨터 바이러스 백신을 만든 벤처 기업인, 대학교수, 국회의원 등 수많은 수식어를 달고 사는 안철수 대표 또한 히로나카 헤이스케의 '남보다 두 배의 시간을 들이는 노력'이라는 신조에 고무되어 다음과 같은 원칙을 지키며 살고 있다고 말했다. "일을 하다 보면 내 능력에 비해서 벅찬 경우가 참 많다. 내 수준보다 훨씬 높은 주제를 이해하고 쉽게 풀어쓰기 위해서는 남들보다 두세 곱절 시간을 투자하는 것이 어쩌면 당연한 일인지도 모른다. 어떤 문제에 부딪치면 나는 미리 남들보다 시간을 두세 곱절 투자할 각오를 한다. 이것이 평범한 두뇌를 지닌 내가 할 수 있는 최선의 방법이다." 우리가 볼 때는 거의 천재에 가까운 수많은 성과를 일궈낸 그가 이토록 자기 자신은 평범한 사람이라서 남들보다 두세 곱절 시간을 투자하는 것이 당연하다고 말한다.

서울대 법대를 수석 졸업한 후 고시 3관왕이라는 전인미답의 타이틀을 거머쥔 고승덕 변호사 또한 비슷한 말을 한 적이 있다. "나는 여러 차례 내가 결코 남들보다 머리가 좋지 않다는 것을 알았고, 남보다

216

더 많은 노력을 해야 남만큼의 결과를 얻을 수 있다는 사실을 깨달았다. 그래서 남들보다 3배 더 시간을 투자하기로 했다. 고시 3관왕이 된 것도 남들보다 3배 더 많은 시간을 투자해서 책을 보았기 때문이다." 이처럼 천재에 가까운 사람들도 자신의 한계를 뛰어넘기 위해 남들보다 더 많이 노력했다. 하물며 이들보다 뛰어나다고 말하기 어려운 우리가 남보다 적게 노력하고 더 많이 얻으려 한다면 이는 분명 지나친 욕심일 것이다.

자신감이
슬럼프 극복의 열쇠

우리가 주로 겪는 일상의 스트레스는 자신의 능력을 초월한 어떤 문제를 만났을 때 겪는 게 보통이다. 슬럼프도 마찬가지다. 내 능력의 한계를 느끼거나 자신감이 떨어질 때 슬럼프에 빠지기 쉽다. 반대로 자신감만 있다면 슬럼프에 쉽게 빠지지 않는다. 스스로에 대한 확실한 믿음이 있기 때문이다.

내가 정한 목표까지 아직 갈 길이 멀다 할지라도 언젠가는 도달할 수 있다는 믿음이 있다면 슬럼프에 빠지지 않는다. 그럼에도 고3이 되면 종종 슬럼프에 빠지는 학생들이 많다. 수능에 대한 심리적인 압박감이 크기 때문이다. 이럴 때 슬럼프에서 빠져나오는 방법은 하루를 충실히 살아가는 것이다. 오늘 하루의 계획을 세우고 어쨌건 그것을 달성하려고 충실히 노력하는 것이다. 꾸역꾸역 최선을 다해 노력하다 보면 슬금슬금 슬럼프에서 빠져나올 수 있는 자신감이 생기기 시작한다. 자신감이 충만해지면 슬럼프는 더 이상 설자리를 잃게 된다.

학습은
계단식으로 성장한다

수능이든 영어든 공부를 열심히 해 본 사람은 알겠지만, 성적은 반드시 공부한 양에 비례해서 올라가지 않는다. 공부를 하면 할수록 성적이 꾸준히 우상향 하는 것이 아니라 대부분 계단식 모양으로 성장한다. 즉, 일정 정도의 공부량이 축적되는 순간까지는 외적 성장이 일어나지 않다가, 임계점이라는 특정한 순간을 넘어서면 한 단계 갑자기 쑥 성장하는 시점이 온다. 이때 자신도 놀랄 정도의 높은 성적이 나오는 것을 맛볼 수 있는데, 이는 분명 그동안의 노력의 결과이지 결코 한순간 운이 좋아서 나오는 성과는 아니다.

반면, 정체기에 머무를 때는 공부를 꾸준히 하는데도 성적이 잘 나오지 않는다. 이때 학생들은 금세 실망하게 되고 좌절감이나 슬럼프에 빠지기도 한다. 하지만 이때도 눈에만 보이지 않을 뿐이지 잘하고 있는 것이 분명하다. 또한 학생들은 스스로 잘하고 있다고 믿어야 한다. 시간이 지나면 한꺼번에 노력의 결과가 현실로 나타날 것이기 때문이다.

장승수, 관성의 법칙으로
슬럼프를 관리

　아무리 열심히 공부하겠다고 다짐해도 공부하는 시간이 하루 이틀이 아니다 보니 지겹다는 생각이 드는 경우가 있다. 좀처럼 풀리지 않은 문제를 만났을 때, 열심히 했는데 성적이 나오지 않을 때는 그야말로 공부가 하기 싫어진다. 날씨가 너무 좋을 때는 야외로 나가고 싶고, 주말이나 휴일에는 남들처럼 쉬고 싶다는 생각도 든다. 이런 생각들은 아무 예고 없이 언제나 불시에 찾아온다.

　수험생활의 도처에 깔려 있는 이런 위기를 대처하는 가장 좋은 방법은 '관성의 법칙'을 활용하는 것이다. 관성의 법칙이란 운동하는 물체는 계속 운동하려 하고, 정지해 있는 물체는 계속 그 자리에 있으려 한다는 것이다. 공부를 열심히 하는 학생은 열심히 하는 그 습관이 관성이 되어 계속 열심히 하게 되고, 한 번 하기 싫다는 생각에 이끌려 책상을 벗어나기 시작하면 계속 나돌고 싶은 생각에 휩싸이게 된다. 따라서 공부하는 학생이라면 위기나 슬럼프가 찾아와도 평소 습관대로 계속 공부를 유지하려고 노력해야 한다. 한 번 흐트러지기 시작하면 책상 앞에 다시 앉기가 어려워진다. 또한 나중에 또 찾아오는 작은 슬럼프에도 금방 무너져버리기도 한다. 그러니 위기의 순간이 오면 타협해버리지 말고 더 강하게 인내하면서 평소대로 책상 앞을 지켜내야 한다.

유혹의 순간은 금방 지나간다. 한 번만 잘 참고 넘기고 나면, 나중에 비슷한 위기가 찾아와도 쉽게 이겨낼 수 있다. 장승수 씨의 경우 학원에 나가는 동안은 어김없이 아침 8시부터 밤 10시까지 꼬박 공부를 했다. 한 달에 딱 하루, 모의고사를 치르는 날을 빼고는 무슨 일이 있어도 그 시간을 지켜냈다고 한다. 그는 이런 관성이 몸에 배면서 심리적인 슬럼프나 위기와 찾아와도 어쨌거나 공부를 함으로써 쉽게 극복할 수 있었다고 말한다.

약속시간
15분 전의 마법

약속시간에 맞추지 못해 헐레벌떡 뛰어가거나, 자동차를 타고 가는 내내 초조했던 경우가 있을 것이다. 나도 한때는 그랬다. 그러다가 생각의 스위치를 바꾸는 순간 놀라운 변화가 일어났다. 방송에서 어느 중견그룹 회장의 '약속시간 15분 전' 일화를 듣고 나서부터였다. 그때부터 나도 약속시간 15분 전에 도착한다는 원칙을 세웠다. 이 원칙 하나만으로도 삶의 놀라운 변화가 일어났다. 시간을 느긋하게 운영하는 능력이 생겨났고, 다른 사람에게도 신뢰가 쌓이기 시작했다.

약속시간 15분 전에 도착한다는 원칙이 있으면, 준비할 때부터 여유가 생긴다. 느긋하게 머리도 손질하고 넥타이도 가다듬는다. 절대 서두를 필요가 없어진다. 차를 몰고 갈 때도 초조해하지 않는다. 늦게 도착해서 '도로가 막혀서'라며 변명부터 하는 경우도 없다. 약속 장소에 먼저 도착해서 상대방을 기다리게 되면, 약속한 용건에 대해서도 한 번 더 생각할 여유가 생긴다. 마음이 차분한 상태라 상대와의 대화를 나의 페이스대로 이끌어갈 수 있다. 늦게 도착하면 모든 게 엉망진창이 되어버릴 수 있는 것을 단지 15분 일찍 도착함으로써 180도 상황을 유리하게 역전시키는 결과를 만들어낼 수 있다.

열정과 뚝심의 화신 천호식품 김영식 회장도 그의 책《10미터만 더 뛰어봐!》에서 "약속시간 15분 전에 약속 장소에 나타나는 사람 가운데 인생이 안 풀리는 사람은 거의 없다."라고 말한 적이 있다. 사실 '약속시간 15분 전'이라는 구호는 쉬워 보여도 실천하는 사람은 많지 않다. 그렇기 때문에 내가 15분 전을 실천하면 남다른 사람이 되는 것이다. 같은 사람과 만날 때 2~3번만 실천해보라. 상대가 나를 달리 평가할 것이다. 신뢰는 사소한 것에서부터 생겨나고 이로 인해 성공은 한 발짝 더 다가오는 것이다.

PART 5

상위권 학생들의
공부법

01 상위권 학생 vs 일반학생

고수는 머릿속이 한 가지 생각으로 가득 차있고,
하수는 머릿속이 만 가지 생각으로 가득 차있다.
— 소설가 이외수

상위권 학생들과 일반학생들의 공부법이나 공부습관에는 분명한 차이가 있다. 이번 장에서는 상위권 학생들의 공부습관을 알아보고 그들이 일반학생들과 비교하여 어떤 차이가 있는지 분석해보자. 그리고 그들의 공부습관을 배워보자. 중·하위권에서 상위권으로 도약하기 위해서는 상위권 학생들의 공부습관이나 공부법을 모방하는 것도 좋은 방법이 될 수 있다. 자신만의 확고한 공부법이 완성되기 전까지는 자신보다 나은 여러 학생들의 공부법을 따라 해보고 그중 자신에게 맞는 방법을 찾아내라고 전문가들은 조언한다. 자, 그럼 그들은 어떤 특별한 공부습관과 공부법을 가지고 있는지, EBS에서 제작한《학교란 무엇인가》에서 분석한 내용을 중심으로 살펴보자.

상위 0.1% 학생들의
공부습관

EBS의 설문조사 결과 상위 0.1% 학생들은 혼자서 공부하는 시간
이 하루 4~5시간이었다. 반면, 일반학생들은 시험 기간에만 공부하는
시간이 반짝 늘어나고 평소에는 혼자 공부하는 시간이 매우 적다. 상
위권 학생들은 주로 배운 내용을 복습하는데 많은 시간을 할애했다.
또한 쉬는 시간, 버스 안에서, 급식을 기다리는 시간 등 자투리 시간
을 활용하여 틈틈이 그날 배운 것을 반복해서 복습하는 시간을 가졌
다. 그뿐만 아니라 성적이 떨어지면 상위권 학생 중 64%가 개인 공부
시간을 늘린다고 대답했다. 반면, 일반학생들은 성적이 떨어지면 과외
를 받거나 학원부터 찾는다.

상위 0.1% 학생들에게 공부에서 가장 중요한 것이 무엇인지를 물
었다. 그들이 뽑은 가장 중요한 요인 3가지는 다음과 같다. 첫째가 노
력, 둘째가 목표의식, 셋째가 공부하는 습관이었다. 아이큐라고 답한
비율은 9번째로 그다지 높지 않았다. 한 학생은 노력에 대해 이렇게
말한다. "머리가 아무리 좋아도, 열심히 꾸준히 공부하는 아이는 못
따라잡더라고요. 더 놀라운 건 꾸준히 공부하는 아이의 경우, 처음에
는 머리가 좋지 않았더라도 어느 순간 머리가 좋아져있다는 거죠."

상위 0.1% 학생들의 공통점 중 하나는 모든 학생들이 학교 수업을 매우 중요하게 생각한다는 점이다. 그들은 수업 시간에 졸지 않고 집중하는 습관이야말로 가장 중요한 공부비법이라고 말했다. 하루 24시간 중 잠자고 밥 먹는 시간을 제외하면 학생들에게 주어진 절대시간은 대략 15시간 정도이다. 그중 수업 시간이 8시간 정도로 절반 이상을 차지한다. 이처럼 중요한 수업 시간을 허투루 흘려보내면 공부하는 절대시간은 확연히 줄어들 수밖에 없다. 상위권 학생은 수업 시간과 자투리 시간, 개인 자습시간을 합하여 최대 15시간을 활용하는 반면, 하위권 학생들은 수업 시간을 의미 없이 낭비하게 되어 하루에 겨우 5시간 정도를 공부에 활용할 뿐이다. 물리적으로 3배의 공부시간 차이가 발생하게 된다. 공부를 잘하고 못하고는 투입한 시간에 따라 이미 판가름 난 것이나 다름없다.

또한 대부분의 상위 0.1% 학생들은 복습을 최고의 공부법으로 꼽았다. 에빙하우스의 망각곡선에서도 보았듯이, 기억을 유지하는 가장 효과적인 방법은 일정 시간 간격을 두고 반복해서 학습하는 것이다. 상위 0.1% 학생들은 쉬는 시간에 한 번, 그날 자율학습 시간에 한 번, 주말에 또 한 번, 시험을 준비하면서 또 복습하는 식으로 체계적인 복습을 습관화했다.

상위 0.1% 학생들은 여가시간에 주로 친구들과 대화를 하거나 농구나 족구와 같은 운동을 하는 것으로 나타났다. 반면 일반학생들은 게임을 가장 많이 하는 것으로 조사되었다. TV를 시청하는 시간도 일반학생이 3배나 더 많았으며, 일반학생은 주로 드라마를 즐겨보는 반면 상위 0.1%는 스트레스 해소를 위한 오락 프로그램이나 시사와 교양을 넓히는 뉴스 프로그램을 시청했다.

메타인지,
모르는 것이 무엇인지 파악하라

한 학생의 성적이 중위권을 밑돌았다. 열심히 한다고는 했는데 성적은 잘 나오지 않았다. 원인을 분석해보니 그냥 이것저것 문제를 많이 풀기만 했을 뿐, 효과적인 공부를 하지 못하고 있음을 알아냈다. 이후에 그는 공부 방법을 달리하여, 틀린 문제나 제대로 이해하지 못하는 문제 위주로 세 번이고 네 번이고 반복해서 공부했다. 그러자 성적이 급격히 좋아졌다. 비슷한 문제를 두 번 틀리는 일이 없어지자 자신감이 붙었다. 그는 자신이 아는 것이 무엇이고 모르는 것이 무엇인지 정확히 판단한 후에 모르는 것 위주로 효율적으로 공부했던 것이다.

자신이 아는 것이 무엇이고 모르는 것이 무엇인지 판단하는 능력을 '메타인지'(Meta recognition)라고 한다. 메타인지란 한 차원 높은 위치에서 자신을 객관적으로 바라보는 능력으로 상위 인지 혹은 초인지로도 불린다. 공부에 있어서 메타인지는 대단히 중요하게 작용한다. 전문가들은 메타인지를 제대로 할 줄 알아야 효율적인 공부가 가능하다고 말한다.

아주대학교 심리학과 김경일 교수는 메타인지 능력을 이렇게 설명하기도 했다. "세상엔 두 가지 종류의 지식이 있습니다. 첫 번째는 내가 설명할 수 없는 지식, 그리고 두 번째는 내가 설명할 수 있는 지식이에요. 그런데 첫 번째는 지식이 아닙니다. 내가 알고 있다는 느낌만 가지고 있는 거죠."

메타인지에 관해 상위권 학생과 일반학생을 대상으로 EBS에서 한가지 실험을 했다. 학생들에게 시험 문제 20개를 보여주고 먼저 몇 문항이나 맞출 수 있겠는지를 물었다. 그런 다음 실제로 문제를 풀어보도록 했다. 결과를 보니 상위권 학생과 일반학생의 차이가 분명했다.

일반학생들은 자신이 풀 수 있을 것 같다고 말한 개수보다 실제 문제를 맞힌 개수가 훨씬 적었다. 이는 한마디로 메타인지 능력이 부족한 것이다. 자신이 문제를 얼마나 정확히 알고 있는지 스스로 판단하지 못하고 있는 것이다. 메타인지 능력이 부족한 학생들은 안다고 착각할 뿐 실제로 문제를 맞힐 수 있는 만큼의 실력은 갖추고 있지 못했다.

반면에 공부를 잘하는 상위권 학생들은 풀 수 있을 것 같다고 말한 개수와 실제 문제를 푼 개수가 거의 일치했다. 상위권 학생들은 자신이 무엇을 알고 있는지 무엇을 모르는지 정확히 인지하고 있는 것이었다.

위의 실험 결과에서 알 수 있듯이 일반학생들에 비해 상위권 학생들은 메타인지 능력이 매우 뛰어났다. 자신이 무엇을 알고 무엇을 모르는지 정확히 인지한다. 따라서 상위권 학생들은 아는 것은 건너뛰고 모르는 것 위주로 공부를 한다. 모르는 것만 다시 공부하기 때문에 같은 시간에 더 효율적인 공부를 할 수 있다. 공부란 본래 아는 것은 건너뛰고 모르거나 애매한 것을 골라내어 정확히 알 때까지 익히는 것이다.

반면 일반학생들은 메타인지 능력이 낮다. 자신이 아는 것과 모르는 것을 정확히 판단하지 못한다는 것은 결국 어디서부터 공부해야 하는지를 모른다는 말이다. 공부의 효율이 떨어질 수밖에 없는 이유가 여기에 숨어 있었던 것이다.

상위권 학생의
45-5-10분 공부법

상위권 학생들의 두드러진 특징 중 하나는 공부한 내용은 반드시 복습을 한다는 것이다. 그것도 즉시. 하지만 일반학생들은 한 번 학습을 완료하면 그것으로 공부가 끝났다고 생각해버린다. 문제집도 한 번 풀고 나면 더 이상 거들떠보지 않는다. 도무지 복습할 생각을 하지 않는 것이다. 하지만 이는 분명히 잘못된 생각이다. 우리 뇌에서는 복습을 통해서 공부한 내용을 숙성시킨다. 숙성된 내용만이 완전한 나의 지식이 될 수 있으며, 언제 어디서나 필요할 때 꺼내 쓸 수 있다.

학교 수업은 50분 공부와 10분 휴식이 한 세트로 이루어져 있다. 이는 아무런 계산 없이 그냥 산정된 시간이 아니다. 뇌과학적으로 가장 효율적인 공부와 휴식시간을 분배한 결과가 50-10분이다. 혼자서 공부하는 것도 마찬가지의 시간을 적용하는 게 공부에 가장 효과적이다. 망각이론을 창시한 독일의 심리학자 에빙하우스도 40~50분 공부하고 10분 쉬는 것이 가장 효과적인 방법이라고 강조했다.

여기서 한 단계 뛰어넘어 상위권 학생들의 특별한 공부법을 살펴보면 50분 안에서 5분을 따로 떼어낸다. 그리고 그 5분은 방금 공부한 내용을 복습하는 시간으로 활용한다. 그들은 50-10분 공부법에서 한 차원 진화한 45-5-10분 공부법을 활용하는 것이다. 즉, 45분 동안 공부하고, 그 내용을 5분간 복습하고, 나머지 10분 동안 휴식을 취하는 과정이 한 세트로 구성된다. 5분이 뭐 그리 대단하다고 따로 떼어낼 필요까지 있을까라는 의문이 생길 수도 있지만, 이 5분은 단순한 5분이 아니라 공부의 핵심 비밀이 숨어있는 5분이다.

공부를 한 뒤 바로 복습하지 않으면 1시간만 지나도 50% 이상의 기억이 상실된다. 하지만 이 5분이라는 짧은 시간을 따로 떼어내어 복습을 해주면 망각을 줄이고 학습한 내용의 거의 대부분을 기억할 수 있게 된다.

한 연구에서, 수업이 끝나고 5분간 복습한 학생과 그렇지 않은 학생들을 비교했다. 6주 뒤에 시험을 치르고 결과를 확인하니 5분간 복습한 학생들의 성적이 월등히 높았다. 기억률도 무려 1.5배가 더 높았다.

상위권 학생들은 매 수업 직후에 복습을 빠뜨리지 않는다. 남들은 다 뛰어노는 쉬는 시간에 금쪽같은 5분을 쪼개서 수업내용을 훑어본다. 그들은 쉬는 시간 10분을 기꺼이 쪼개서 5분간 복습을 하고 나머지 5분 동안 화장실을 다녀오는 등 볼일을 보고 휴식을 취한다. 이렇게 하지 않으면 망각이 급속도로 진행되어 나중에 복습할 때 애를 먹는다는 사실을 잘 알기 때문이다.

이것은 일반학생들과는 확연히 구분되는 행동이다. 거의 모든 학생들은 쉬는 시간을 당연히 그야말로 놀고 떠드는 쉬는 시간으로 이해하지만, 상위권 학생들은 이 시간을 결코 그냥 흘려보내지 않는다. 이 차이가 쌓이고 쌓여 결국 성적의 차이로 이어지는 것이다. 공부의 비법은 다른 곳에 있는 것이 아니다. 효과적인 공부 방법과 시간관리를 철저히 해내며 남들과 다른 노력을 했기에 잘하는 것이지, 결코 남들과 똑같이 놀 것 다 놀고 즐길 것 다 즐기면서 이뤄낸 성과가 아니다. 1등의 의미 속에는 그들만의 땀과 인내가 녹아있는 것이다.

독서,
상위권으로 가는 지름길

사람들은 시간이 없어서 독서를 못한다고 한다.
그러나 나는 독서를 해야 하기 때문에 다른 것을 할 시간이 없다.
– 나폴레옹

한 학생이 있었다. 그는 수학만 아주 잘하고 나머지 과목은 중하위권을 넘지 못했다. 이유가 무엇인지 알아보니, 글자를 읽어도 도대체 무슨 말인지 하나도 모르겠다는 것이었다. 글자를 읽기는 해도 문장의 뜻을 이해하고 핵심을 파악해내는 독해력과 이해력이 부족했던 것이다. 이는 남의 이야기가 아니다. 어릴 적부터 독서가 부족했던 대부분의 학생들이 공통적으로 겪는 어려움이다.

독서는
교육의 토대

독서는 두말할 것 없이 모든 교육의 토대가 된다. 독서는 뇌 발달을 돕는 것은 물론 인지와 정서 능력에 상당한 영향을 미치고, 또한 학습의 기초를 닦는데도 중요한 역할을 한다. 독서를 통해 충분한 배경지식을 갖춘 학생은 학습에 대한 흥미가 높아지고, 책 읽는 습관이 몸에 배면 공부 집중력도 높다.

연세대를 졸업하고 온라인 교육기업 메가스터디에서 수능 언어와 논술을 가르쳐 강의 만족도 1위를 차지한 최인호 선생님! 그분이 수능 언어영역 공부를 위해 강조하고 또 강조하는 분야가 바로 독서이다. 최인호 선생님은 그의 저서 ≪1등의 공부습관≫에서 독서의 중요성을 이렇게 강조하고 있다.

"언어 공부의 핵심은 독서에 있다. 독서를 통해 논리의 전개 구조와 주제를 파악하는 능력을 키우면 낯설고 어려운 지문도 쉽게 해독할 수 있게 된다. 독서는 논술뿐만 아니라 언어영역을 위해서도 중요하다. 언어 공부와 독서의 비율은 50:50이 바람직하다. 일단 독서는 한 달에 250쪽 분량의 책 한 권을 완독하는 것을 목표로 한다. 이는 결과적으로 한 달에 250개의 비문학 지문을 푼 것과 같은 효과를 준다. 언어영역에서는 한두 개의 어려운 비문학 지문이 1등급과 2등급을 결정한다. 당장 눈앞의 문제집을 푸는 것보다 독서가 더 실속 있는 언어영역의 공부습관이 될 수 있다는 얘기다."

언어영역뿐만 아니라 수능의 전 과목에서 독서는 두말할 것 없이 중요하다. 특히 언어영역에서는 독서의 비중을 50%까지 두라는 최인호 선생님의 말씀은 새겨들을 만하다. 독서는 모든 학문의 기초가 되는 공부다. 기초가 탄탄해야 건물을 높이 올릴 수 있듯이 공부에서도 독서력이 탄탄한 학생이 상위권으로 금방 도약한다. 초등학교부터 중학교 내내 책만 읽은 안철수 대표는 고등학교 때 본격적으로 대학 입학 공부를 시작했다. 그리고 고3이 되어서 드디어 전교 1등을 하고 서울대 의예과에 합격했다.

내가 지금 고등학교 2학년 이하라면 매일 꾸준히 책을 읽는 습관을 갖는 게 좋다. 독서량이 1년, 2년 쌓이면 그 힘은 고3 때 충분히 발휘된다. 수능은 내신과 달리 교과서 이외의 지문이 대부분을 차지하므로 독서를 통해 배경지식을 충분히 쌓은 학생이 유리할 수밖에 없다. 또한 독서는 글의 구조와 주제를 빠르게 파악하는 능력을 길러준다. 사실 이것이 독서의 핵심이다. 글을 읽고 주제와 내용을 빠르게 파악할 수 있는 힘이 있다면, 어떠한 어려운 지문도 쉽게 해독할 수 있게 된다. 수능이 쉽게 느껴질 수밖에 없는 이유가 여기에 있는 것이다.

세계 최고의 고등학교, 토머스 제퍼슨

EBS ≪학교란 무엇인가≫에 소개된 '토머스 제퍼슨' 고등학교가 있다. 미국 대학 입학시험인 SAT 시험에서 매년 1위를 차지하는 명문고이다. 이 학교가 가장 강조하는 것은 독서와 작문이다. 토머스 제퍼슨에서는 고등학교 3년 내내 학교에서 내주는 독서와 작문 숙제를 수행해야 졸업이 가능하다.

학생들은 양서를 읽고 그 내용에 대한 분석과 감상을 스스로 정리해야 숙제를 해낼 수 있다. 읽고 쓰는 능력은 하루아침에 완성되는 것이 아니라 꾸준한 연습이 필요하다. 입학 당시에는 책을 읽는 것조차 어려워했던 학생들이 매일 꾸준한 훈련을 하자 어느새 읽고 쓰는 능력이 몰라볼 정도로 발전하게 된다.

토머스 제퍼슨의 학생들은 3년이라는 긴 시간 동안 혹독한 읽기와 글쓰기 훈련을 통해 숙련된 독서가가 되면서 탁월한 학생으로 거듭난다. 학교만의 독특한 독서 프로그램을 통해 학생들이 세계 최고의 브레인으로 재 탄생되는 것이다.

명문대에 진학한 최상위권 학생들의 공통적인 특징 중 하나는 어마어마한 독서량이다. 캘리포니아 주립대학의 독서교육전문가인 전정재 교수는 독서는 단순한 읽기가 아니라 공부의 기반이라고 강조한다. "독서는 그저 읽는 것에서 그치는 것이 아니라 다른 과목을 공부할 수 있는 수단이자 방법입니다. 공부의 왕도는 읽기를 제대로 하는 것입니다. 정신 집중이 안 되거나 동기 유발이 안 되는 학생들은 사실 읽기가 안 되는 문제를 겪고 있는 경우가 많습니다."

과거 학력고사 시대에는 책을 읽지 않아도 풀 수 있는 문제들이 많았지만, 수능 시대로 넘어오면서 독서력과 이해력이 부족한 학생들이 문제를 푸는데 상당한 어려움을 겪을 수밖에 없는 구조로 바뀌었다.

탁월함을 만드는
교육은 따로 있다

"진보적인 교육은 한 학급으로 족하다. 이런 극소수를 제외한 모든 학생들에게 진보적인 교육을 받는 특권을 줄 마땅한 이유가 없다. 어느 사회에서나 마찬가지겠지만, 특정 분야마다 제각각 힘들고 어려운 노동을 수행할 수 있는 노동력을 생산해야 하기 때문이다."

진보적이고 창의적인 교육은 한 학급 정도의 극소수면 충분하고, 나머지는 공장 노동자를 길러내기 위한 마치 군대식의 주입식 교육이면 충분하다는 내용이다. 위의 말은 다름 아닌 미국의 28대 대통령 윌슨이 한 말이다. 놀랍지 않은가? 사회의 변화와 발전을 추구하는 진보적이고 창의적인 교육을 단지 소수에게만 제공하라니 이 무슨 괴상망측한 말인가? 내가 받고 있는 교육에도 지금껏 차별이 존재했던 건 아닐까?

필자는 대기업을 다니는 동안 유럽에서 3년간 주재원 생활을 했다. 필자가 본 유럽의 교육방식은 크게 두 가지로 구분되었다. 하나는 일반학생들이 다니는 공립학교에서의 교육이고, 다른 하나는 아주 특별한 교육시스템이 포함된 사립명문학교에서의 교육이 그것이다.

사립학교에 다니려면 학생 스스로가 어느 정도 실력을 갖추어야 하는 것도 사실이지만, 그보다는 경제적인 재력이 받쳐주는 가정이라야 가능하다. 유럽의 사립학교를 다니려면 우선 1년 수업료만 대략 우리 돈 2~3천만 원이 필요하다. 3년 동안 수업료만 1억 원에 가깝다. 주재원 생활을 하는 당시에 필자는 왜 사람들이 이토록 비싼 수업료를 내면서 사립 고등학교에 가려고 하는지, 사립학교의 교육은 어떤 특별한 차이점이 있는지 궁금했었다. 그러다가 우연한 기회에 그 비밀을 알게 되었다.

사립학교의 특별한 비밀은 다름 아닌 독서에 있었다. 위에서 언급한 토마스 제퍼슨 고등학교와 유사한 시스템이다. 이는 분명 일반 공립학교에서는 찾아볼 수 없는 시스템이었다. 사립학교에서는 학생들에게 매주 책을 읽고, 내용을 분석하고, 리포트를 제출하도록 한다. 그리고 나면 독서 전담 교사가 그 내용을 하나하나 꼼꼼히 체크하고 심도 있는 피드백을 적어서 돌려보낸다.

매월 한두 권의 책을 선정해서 학생들이 완벽히 소화할 때까지 읽고 분석하도록 돕는다. 학년이 올라갈수록 책의 난이도는 점점 올라간다. 학생들에게는 시험에 버금갈 정도로 독서활동을 열심히 하도록 독려한다. 이것이 필자가 알아낸 사립명문 고등학교의 특별한 교육시스템이다. 기타 교과과정을 배우고 공부하는 방식은 일반 공립학교와 별반 다르지 않았다. 오직 다른 한 가지는 '독서'였을 뿐이다.

요즘은 과거 200년 전과는 세상이 완전히 달라졌다. 본인 스스로 마음만 먹는다면 독서는 누구에게나 열려있다. 우리나라 조선시대에도 그랬지만 과거에는 유럽이나 미국에서도 하층민이 책을 읽으면 손목이 잘리거나 목숨을 잃는 경우가 허다했다. 자신이 부리는 종이 책을 읽고 의식이 깨어버리면, 지배층에게 반항하는 것은 당연지사였기 때문이다. 그들이 책을 읽고 '사농공상'이라는 계급의 불합리성을 깨우쳐 버리면 조선왕조 500년을 지탱해온 계급 체계가 무너져버리기 때문이다.

현대는 개천에서 용 나는 시대는 저물고, 오직 강남에서만 용이 나오는 시대가 되어버렸다. 배움에도 가난의 대물림이 가속화되고 있는 시대다. 그러나 다행인 것은 스스로가 깨어있다면, 이러한 사회적 부조리로부터의 탈피가 완전히 불가능한 것만은 아니다. 혼자서도 열심히 자가발전을 한다면 탁월한 삶을 살아갈 수 있는 기회를 만들 수 있다. 방법은 물론 여러 가지가 있겠지만 그중에 가장 탁월한 길은 역시 독서만 한 것이 없다고 생각한다. 이쯤에서 워런 버핏의 말을 들어보자.

"당신의 인생을 가장 짧은 시간에

가장 위대하게 바꿔줄 방법은 무엇인가?

만약 당신이 독서보다 더 좋은 방법을 알고 있다면

그 방법을 따르기 바란다.

그러나 인류가 현재까지 발견한

방법 가운데서만 찾는다면

당신은 결코 독서보다 더 좋은 방법을

찾을 수 없을 것이다."

안철수 대표를 만든 8할은 독서

어린 시절 안철수 대표는 친구들과 어울리지도 못하고, 가끔 라디오 등을 분해하고 조립하고, 방학 때는 방에서 책만 읽었다. 자폐증에 가까울 정도로 혼자만의 세계에 틀어박혀 살았다. 중학교 때까지 학교 성적이 뛰어난 것도 아니었다. 60명 중 30등 정도였다니, 반에서 겨우 중간 정도의 성적이었다. 단지 책을 좋아하는 내성적이고 소심한 학생이었다. 그러다가 고등학교 때 두각을 나타내며 서울대에 합격했다. 이후 의사와 교수, 벤처사업가, 정치인까지 지금의 안철수 대표를 만든 원동력은 독서였다.

그는 무언가 새로운 것을 배울 때에는 항상 책을 통해 이론을 완벽하게 섭렵한 후에 실전에 뛰어들었다. 컴퓨터 바이러스 백신 프로그램을 만들 때도 그랬고, 바둑을 배울 때도 책 50권을 읽은 다음에야 기원에 가서 바둑을 두었다고 한다. 그의 공부는 항상 독서를 통해서 시작되었고 완성되었던 것이다.

그는 어린 시절부터 친구들과 어울리거나 운동을 하는 것보다 혼자서 책을 읽는 것을 좋아했다. 한글을 배우고부터는 글자라고 생긴 것은 닥치는 대로 읽었다고 한다. 종이가 바닥에 떨어져 있으면 글자를 읽었고, 페이지 수와 발행연도까지 읽어야 직성이 풀린다고 했다. 거의 활자 중독증 수준이었다.

그는 다니던 초등학교에 있는 책을 거의 다 대출하여 읽었다. 한 번은 모든 책의 독서카드에 안철수라는 이름이 적혀 있어서 그가 장난치는 것으로 착각한 도서 선생님께 혼난 적도 있었다고 하니, 그의 독서력이 어느 정도인지 가늠할 만하다. 안철수 대표는 초등학교 도서관을 통째로 읽었던 것이다.

안철수 대표 가정의 독서 교육은 간단하다. 아이에게 책 좀 읽으라는 잔소리를 하지 않고 부모가 먼저 책 읽는 모습을 보여주었다. 그리고 아이가 스스로 책에 흥미를 붙이도록 기다려줬다. 아이는 부모의 말을 통해 배우는 것이 아니라, 부모의 태도를 보고 배운다는 사실을 안철수 대표의 부모는 알고 있었던 것이다.

그의 학교 성적도 독서력으로 쌓아 올린 실력이었다. 초등학교 시절 반에서 중간 정도의 성적이었고, 고3 전까지는 반에서 1등을 해본 적이 없었다. 그런데 서서히 성적이 오르더니 고3 때 처음으로 1등이란 걸 해보았다고 말한다. 근·현대 소설과 인문고전들을 모조리 읽었기 때문에 교과서 외 지문이 나오는 고3 본고사 국어에서 빛을 발할 수 있었다. 수학도 탄탄한 독서력을 기반으로 개념과 원리 위주로 실력을 쌓았기 때문에 본고사 수학에서 성과를 낼 수 있었다.

의사이자 경제전문가로도 유명한 시골의사 박경철 원장 또한 독서의 중요성을 강조한다. 그는 한 인터뷰에서 자신이 자식에게 물려줄 단 한 가지로 '독서하는 모습'이라고 말했다. 그는 집에 들어가면 절대 눕지 않고, 힘들고 괴로워도 가능하면 서재에 앉아 책을 읽는다고 한다. 아이들이 자라서 아빠의 모습을 회상할 때 '아! 우리 아빠는 항상 책을 읽고 있더라'라는 모습을 남겨주기 위해서이다.

서재에 보유하고 있는 책만 1만 권으로, 우리나라에서 손꼽히는 방대한 독서량을 자랑하는 그가 자식에게 물려줄 단 한 가지로 '독서'를 꼽았다. 차마 자기 자식들에게 대놓고 독서하라는 말을 강요할 수 없으므로, 자신의 모습을 보고 배워서 자식들 스스로가 독서에 매진할 수 있는 길을 열어주고자 하는 아빠의 마음인 것이다.

중학교 때부터 학교 도서관에 파묻혀 책을 읽었던 그가, 독서의 힘이 위대하다는 걸 깨우쳤기에 대를 물려 알려주고 싶어 하는 마음인 것 같다. 빌 게이츠, 워런 버핏 등 세상의 등불이 되어 역사의 새로운 길을 열었던 인생의 현자들도 성공의 비밀이 독서에 있다고 말하고 있다. 그러나 우리의 모습은 어떤가? 알면서도 어렵다는 이유로 혹은 시간이 많이 걸린다는 이유로 독서를 미루고만 있지 않은지 스스로에게 자문해 볼 필요가 있어 보인다.

독서는
모든 과목의 기초

2019학년도 수능 언어영역은 특히 어려웠다. 전국에서 만점자가 단 148명(0.035%)에 불과할 정도였다. 지난해 3,214명(0.61%)에 비하면 턱없이 줄어든 수치다. 이로 인해 앞으로 예비 수험생에게 국어는 가장 큰 부담으로 다가오고 있다. 단기간 실력 향상이 어렵다는 국어를 어떻게 학습해야 하는지, 중앙일보 기사 〈톡톡에듀〉 코너에 소개된 송재환 교사의 이야기를 살펴보자.

송 교사는 "초등학교 시절 어휘력이 폭발적으로 증가한다. 이때 양질의 독서와 낭독, 글쓰기로 국어 실력을 키워야 한다. 최근 초등학생들의 국어 실력 격차가 천차만별이다"라고 지적했다. 또한 "초등학교부터 수능까지 국어 시험의 원리는 단순하다. 긴 지문을 주고 이 지문을 읽고 이해했는지 묻는 것"이라며 "국어 시험시간이 모자란 이유는 이 지문과 문제를 빨리 읽고 이해해야 하는데 어휘력과 이해력이 부족해 시간 내에 소화를 못하기 때문"이라고 말한다.

"우리말로 쓰여 있으니 누구나 읽고 풀려고 시도한다. 하지만 국어 시험은 '밥 먹었니'와 같은 의사소통 어휘를 묻는 게 아니다. 책을 많이 읽어 다양한 분야에 대한 배경지식을 갖추고 '공부 어휘'를 익힌 아이들이 좋은 성적을 받는다." 국어 실력을 갖추기 위해 가장 중요한 것은 역시 독서다. 어휘력과 이해력뿐만 아니라 배경지식까지 습득할 수 있기 때문이다. 독서습관은 수학, 과학, 사회 등과 같은 다른 과목 성적에도 지대한 영향을 미친다.

송 교사는 "사회나 과학은 독서로 쌓은 배경지식이 끼치는 영향이 매우 크다. 수학은 스토리텔링형 출제가 유행이다. 문맥을 파악하지 못하고, 정의나 핵심 어휘를 이해 못 해 틀리는 경우가 많다. 이러한 경우 충분한 독서를 통해 국어 실력이 향상되면 수학 성적도 향상되는 효과를 볼 수 있다."라고 말하면서 독서의 중요성을 재차 강조했다.

상위권 학생들의
공부법 엿보기

시간을 지배하는 사람이 세상을 지배한다.
– 서양 속담

자투리 시간
활용

KBS 〈퀴즈 대한민국〉이란 프로그램에서 퀴즈 영웅의 자리에 오른 트럭 운전기사가 있어 화제가 된 바 있다. 그는 바로 중졸의 학력을 가진 임성모 씨다. 트럭 운전을 하면서 5년 동안 자투리 시간을 모아 공부한 끝에 오른 자리라서 더욱 값지다고 말했다.

"처음에는 이걸 다 외워야 한다 생각하니 사실 엄두가 안 났어요. 근데 해보니 외우는 방법이 있더라고요. 복잡한 것을 한 번에 몇 시간씩 뚫어져라 집중해서 공부하면 오히려 머리만 아프고 힘만 들어요. 그러니까 짧게 자주 보는 겁니다.

화장실 가는 시간, 식당에서 밥 나오기를 기다리는 시간 등 불과 몇 분밖에 안 되는 자투리 시간에 보는 거죠. 외우려고 생각하지 않고 그냥 읽었어요. 잠자기 전에도 외운다 생각 안 하고 그냥 한 번 읽어요. 외운다고 생각하면 머리가 복잡해지니까 그냥 아무 생각 없이 읽습니다. 한 번 읽는데 5~10분 정도밖에 안 걸리거든요. 그걸 반복했죠. 적어도 2~3개월 정도 꾸준히 아침에 한 번 보고, 밥 먹기 전에 한 번 보고, 잠자기 전에 한 번 봤어요. 그래 봤자 한 번 보는데 5분 정도 걸리거든요. 이렇게 자투리 시간을 활용해서 해보니 어느 순간 암기가 되는 겁니다. 누구든지 할 수 있는 일이에요."

아침 6시에 나가 저녁 8시에 들어오고, 집에 오자마자 녹초가 되어버리는 막노동이나 다름없는 화물차 운전을 하면서도 퀴즈 영웅이 될 수 있었던 건 다름 아닌 5분, 10분의 자투리 시간을 활용한 반복이었다.

EBS ≪공부의 왕도≫의 서울대생 김홍식 군은 자투리 시간 활용을 강조한다. 갑자기 주어지는 5분, 10분, 15분 단위의 시간에 공부할 수 있는 공부거리를 미리 준비해둔다. 5분이면 스트레칭을 하거나 영어 단어 5개를 외운다. 10분이면 수학 3문제를 풀거나 영어 단어 10개를 외운다. 15분의 자투리 시간이 생기면 미리 준비해둔 신문 사설을 읽고 분석한다. 자투리 시간을 제대로 활용하기 위해서는 이를 위한 준비가 필수다. 그렇지 않으면 자투리 시간은 그냥 버리는 시간이 되고 만다.

상위권 학생들은 자투리 시간을 그냥 버려지는 시간이 아니라 반드시 활용해야 할 매우 중요한 시간으로 생각한다. 자투리 시간만 잘 모아 활용해도 공부량을 2배까지 올릴 수 있다. 밥 먹을 때, 버스를 기다리는 동안, 수업 직후 쉬는 시간 등 공부에 활용할 수 있는 자투리 시간은 많다. 특히 수업이 끝난 직후에 하는 5분간 복습은 상위권 학생들이 가장 중요하게 생각하는 공부법이다.

신문 사설
읽기

공부의 달인들은 언어영역의 기본을 탄탄히 다지기 위해서는 '독서'와 '신문 사설 읽기'를 틈틈이 하라고 말하고 있다. 한때 전교 100등까지 떨어졌다가 서울대에 합격한 EBS 《공부의 왕도》 송다영 양은 신문 사설 읽기로 언어영역의 기본을 다졌다. 논리적 글쓰기의 정수라고 할 수 있는 신문 사설은 그날 그날의 주요 사회 이슈를 다루고 있기 때문에 시사상식과 사회적 시각을 키우는 데도 도움이 된다.

송양은 방학 동안 하루 2~3개의 사설을 꾸준히 읽고, 분석하고, 정리했다. 독서도 마찬가지겠지만 신문 사설 읽기도 각 문단의 주요 핵심 내용을 정확히 파악하는 게 중요하다고 말한다. 처음에는 사설 3

개를 정리하는 데 2시간이 넘게 걸리기도 했으나, 시간이 지나면 사설 1개를 15분 정도면 정리할 수 있는 실력이 생긴다고 한다.

이화여대에 합격한 이서현 양은 중학교 3년을 흘라당 허송 생활하고 고등학교 때 마음을 다잡아 좋은 성적을 낸 학생이다. 어릴 적 독서량이 부족해 언어영역 성적이 좀처럼 오르지 않았다. 독서량이 부족한 학생들의 애로사항은 긴 언어 지문을 끝까지 읽어내는 것 자체가 커다란 고역이다.

그녀는 고심 끝에 해결책을 찾았다. 바로 신문이었다. 아침 자습시간에 30분을 쪼개어 신문 사설을 정독하기 시작했다. 신문 정독은 시간 대비 효율성이 최고였다고 한다. 처음에는 어려운 신문 사설을 읽어내는 게 쉬운 일이 아니었다. 하지만 인내를 가지고 하루도 빠짐없이 30분씩 사설을 읽어냈다. 어느 정도 시간이 지나자 놀라운 변화가 발생했다. 언어영역의 지문을 읽는 속도가 빨라졌고, 주제를 정확히 파악하여 정답을 고르는 안목이 급상승했다는 것이다. 그녀는 대학생 때 과외를 지도하면서도 제자들에게 신문 사설 30분 읽기를 권장했다고 한다.

수학,
기초를 다져야

　수학은 기본 개념을 익힐 수 있도록 교과서를 완벽하게 이해해야 한다. 수학은 기초가 다져지지 않으면 썰물에 떠내려가는 모래성과 같이 얼마간의 노력도 금세 허물어지고 만다. 기본 개념을 익히기에는 교과서만큼 훌륭한 교재가 없다. 수학 1등급 김기현 군은 기본 개념을 완전히 익히기 위해 교과서를 읽고, 외우고, 문제를 푼다. 틀린 문제는 따로 모아 오답노트를 만들면 좋다. 오답노트는 자신의 취약점이 어느 부분인지 명확하게 보여주고 두 번의 실수를 막아주기 때문이다. 수학에서 오답노트 활용은 전문가들이 적극 추천하는 방법 중 하나이다.

자동화,
수학문제를 잘 풀기 위한 조건

　자동화란 의식적인 노력 없이 행동이 가능한 것을 뜻한다. 밥 먹을 때 젓가락질을 하는 것, 운동화 끈을 매는 것, 자전거를 타는 것 등과 같이 이미 몸에 익숙해져 별다른 노력 없이도 그 일을 해낼 수 있는 것을 말한다. 이런 것들은 물론 태어날 때부터 잘한 것은 아니다. 반복적으로 노력했기 때문에 잘하는 것이다.

　수학에서도 간단한 계산 정도는 자동화가 되어 있어야 어려운 문제를 잘 풀 수 있다. 예를 들어, 간단한 사칙연산이나 구구단 같은 것은 이미 자동화가 잘 되어있다. '10-X=4'라는 방정식도 자동화가 잘 되어 있기에, 딱 보면 X=6이라는 답을 얻는다. 이런 것들이 자동화가 잘 되어있다면 수학 문제풀이가 쉬워진다.

한 학생이 5학년 때까지 구구단을 외우지 않아 수학을 매우 어려운 과목으로 생각했다고 한다. 수학 문제에 곱셈이 포함되면 문제를 풀 때마다 끙끙댔다. 6학년이 되어서야 선생님이 이런 사실을 알아차리고 구구단을 외우게 했다. 그러자 놀랍게도 수학이 훨씬 쉬워졌다.

축구를 하는 것도 마찬가지다. 자동화가 되어있지 않은 학생이 축구를 하면 대략 이런 느낌일 것이다. 공이 자기 앞으로 오면 발로 받을지 몸으로 받아낼지를 생각해야 하고, 공을 다른 사람에게 다시 패스할 때는 발의 안쪽 면을 이용해서 패스를 할지 발등으로 강하게 찰지 등 매번 고민을 해야 한다. 이런 경우라면 축구를 잘한다고 말할 수 없다. 공부도 운동도 충분한 연습으로 자동화가 잘 되어있어야 잘할 수 있는 것이다.

앞서 설명한 대로 우리 뇌의 작업기억용량은 매우 제한적이다. 한꺼번에 여러 가지 작업을 동시에 하려면 과부하가 걸리기 십상이다. 따라서 공부할 때 뇌에 걸리는 과부하를 덜기 위해서는 자동화된 지식이 많을수록 좋다. 수학에서 의식적인 노력 없이 풀 수 있는 것들이 많다면, 어려운 응용문제를 풀 때 뇌 용량의 과부하를 피해 더 쉽고 빠르게 해결할 수 있다. 반면 자동화된 부분이 적다면 응용문제를 풀 때 뇌에 과부하가 걸려 끙끙댈 수밖에 없을 것이다. 특히 수학은 자동화된 풀이가 많을수록 어려운 문제를 더 빠르고 쉽게 해결할 수 있다.

실제로 서울대 수석 합격한 장승수 씨는 간단한 연산 결과는 되도록 많이 외워두었다고 한다. 1부터 30까지 제곱수 정도는 기본으로 외웠고, 그 밖에도 문제를 풀 때 자주 등장하는 수들의 덧셈과 곱셈은 아예 머릿속에 담아두고 요긴하게 써먹었다고 한다.

혼자서 하는 공부가
진짜 공부다

공부는 혼자 하는 것이다. 이는 시대와 장소를 불문하고 불변의 진리다. 하지만 우리나라는 사교육이 워낙 발달되어 있어 학원에 다니지 않으면 공부를 못하는 것처럼 분위기가 형성되어있다. 이는 분명히 말하지만 잘못된 것이다. 단연코 공부는 혼자 하는 시간의 양만큼 성적이 비례해서 나온다. 그래서 웬만큼 세상을 알고 공부법을 잘 아는 학부모들은 꼭 필요한 학원을 제외하고는 자녀들을 학원에 처박아 놓지 않는다. 대신 스스로 공부할 수 있는 환경을 만들어주고 격려해준다.

공부를 잘하는 학생은 반드시 자기 혼자서 공부하는 시간을 충분히 확보한다. 반면, 공부를 못하는 학생은 새벽 1시까지 학원만 전전하다가 집에 와서는 바로 침대에 누워잔다. 그러고도 스스로 공부를 많이 했다고 생각한다. 이는 완전히 잘못된 착각일 뿐이다.

실수 노트를
만들어라

상위권 학생들은 한두 개의 실수로 원하는 대학의 당락이 결정되는 경우가 많다. 공신들은 실수를 완벽히 잡아내기 위해 특별한 비책을 사용하는데, 그것이 바로 '실수 노트'다. 공부의 신 강성태 씨도 고등학교 때 실수 노트를 만들었다고 강조하면서, 상위권 도약을 노리는 후배들에게 실수 노트를 만들 것을 주문하고 있다. 오답 노트처럼 실수한 문제를 오려 붙여도 되고, 단순히 왜 실수했는지 실수한 유형을 노트에 기록만 해도 좋다.

실수를 모으다 보면 주로 어느 부분에서 실수가 잦는지 한눈에 파악된다. 단순 계산 실수인지, 문제를 잘못 읽은 것인지, 출제자가 파 놓은 함정에 빠진 것인지 분석이 가능하다. 그리고 실수 노트를 틈틈이 봐준다. 시험 직전에 실수 노트를 한 번 훑어보는 것만으로도 실수를 손에 꼽을 정도로 줄일 수 있다.

예습은 가볍게,
복습은 꼼꼼히 하라

　공부법을 제대로 모르는 학생들은 예습과 복습 중에 무엇이 더 중요한지를 가지고 왈가왈부하기도 한다. 무엇이 더 중요할까? 대답은 당연히 복습이다. 공부의 핵심이 반복이라고 누차 말했듯이 반복 복습만이 기억을 강화할 수 있는 거의 유일한 수단이다. 하지만 복습에 비해 그 강도가 조금 약할 뿐 예습도 간과해서는 안 된다.

　예습의 중요성은 다음날 배우는 수업의 집중도를 끌어올릴 수 있다는 점이다. 가볍게라도 다음날 배울 내용을 예습해가면 수업에 호기심을 갖고 선생님 말씀에 집중할 수 있다. 예습은 가볍게 하면 된다. 여유가 되면 하루 전날에 5~10분 정도 교과서를 읽어보는 게 좋고, 여유가 없다면 수업 직전 쉬는 시간에 단 2분 만이라도 휘리릭 스치듯이 훑어보는 것도 상당한 도움이 된다.

　반면 복습은 꼼꼼히 할 필요가 있다. 복습은 앞서 설명했듯이 수업 직후 1번, 당일 야간자율학습시간에 또 1번, 주말에 다시, 이런 식으로 일정한 시간 간격을 두고 하는 게 좋다고 강조했다. 좀 더 구체적으로 설명하면, 수업 직후에는 5분 정도 방금 배운 내용의 핵심만 가볍게 보고 넘기고, 당일 야간자율학습시간에는 충분한 시간을 들여서 꼼꼼히 복습하는 것이 좋다. 오늘 배운 내용 중에서 중요한 것을 꼼꼼히 확인하고, 부족하다고 생각되는 부분은 참고서 등을 활용해서 적어 넣는다. 이렇게 한 번은 꼼꼼하게 복습을 해 놓으면, 이후부터는 빠른 속도로 복습을 되풀이할 수 있다.

예습과 복습이 중요하다는 것은 누구나 다 아는 사실일 것이다. 하지만 정작 중요한 것은 실천이다. 알고는 있으되 실천하지 않으면 결국 모르는 것과 다를 바 없다. 강조하지만 예습·복습은 하지 않는 것보다 짧게 단 5분이라도 하는 게 100배는 낫다. 습관이 되어있지 않은 학생이라면 단 5분 만이라도 실천해보자.

공부습관,
어머니가 공부하는 아들 곁을 지켜라

전 과목 내신 1등급, EBS《공부의 왕도》의 나기태 군은 엉덩이가 무거워야 공부를 잘할 수 있다고 말한다. 공부의 질을 높이기 위해서는 집중력이 필요하고, 공부의 양을 늘리기 위해서는 오래 앉아 있는 훈련을 해야 한다. 이 두 가지가 안정적으로 자리를 잡아갈 때, 학습의 양은 물론 학습의 질을 담보한 공부습관이 완성되는 것이다. 나기태 군도 처음에는 공부습관이 들지 않아 고생한 적이 있었지만, 어머니의 도움으로 공부습관을 단단히 굳힐 수 있었다고 말한다. 나기태 군의 어머니는 나기태 군이 공부하는 동안 묵묵히 곁을 지켰다. 이런 어머니의 헌신 때문에라도 나기태 군은 공부를 부지런히 하지 않을 수 없었다고 말한다.

필자는 중학교 때 전교에서 1등을 놓치지 않은 친구가 한 명 있었다. 3년 동안 한 번도 1등을 내주지 않을 만큼 탄탄한 공부 실력을 보유한 친구다. 필자는 그 친구와 매우 가깝게 지내는 사이라 가끔 그 친구네 집에서 공부를 같이 하기도 했다. 그때 그 친구 집의 한 가지 놀라운 특징을 알았다. 그것은 바로 친구가 공부하는 동안 어머니가 항상 그 친구 곁을 지킨다는 사실이다.

친구 어머니는 한글도 제대로 깨우치지 못한 문맹이었다. 그런데도 아들이 공부할 때마다 매번 아들 곁에서 바느질이나 뜨개질을 하시면서 함께 있어 주었다. 하루 이틀이 아니라 365일 매일 아들과 함께 아들의 공부를 지킨 어머니였다. 그 친구의 공부 비결은 다름 아닌 어머니의 헌신이었던 것이다.

필자는 고등학교 1학년 때 난생처음 혼자서 자취생활을 했다. 처음 보름 동안은 어머니께서 필자의 자취방에서 함께 있어주었다. 어린 자식을 갑자기 혼자 두기에는 마음이 짠하신 모양이었다. 그때 필자도 친구와 비슷한 경험을 했다. 어머니께서 밤늦도록 주무시지 않고 아들의 공부하는 모습을 옆에서 지키시다가 필자의 공부가 끝나는 밤 11시에 같이 잠자리에 들었다.

필자는 어머니께서 옆에 앉아 계시니 게으름을 피울 수가 없었다. 어쨌건 내 의지를 초월하여 평소보다 더 늦게까지 더 많이 공부할 수 있었다. 그런 과정을 겪고 난 첫 시험에서 놀라운 성과가 나타났다. 시골에서 대도시 고등학교로 입학 당시 성적은 겨우 중위권이었는데, 입학 후 첫 중간고사 시험에서는 5등으로 껑충 뛰어올랐다. 생각해보면 어머니께서 보름 동안 계시면서 나의 공부습관을 만들어준 덕분으로 보인다.

이후에 필자는 주변 사람들에게 공부법을 조언할 때, 부모가 한 달 정도는 자녀의 곁을 지키면서 함께 공부해주라고 주문하고 있다. 습관이 들지 않은 학생에게 공부습관을 가장 빠르게 만드는 방법은 부모가 곁에서 지키는 방법이라고 생각한다. 자식이 공부로 성공하기 바란다면 부모가 딱 한 달만이라도 자녀와 함께 공부하는 시간을 가져보라. 분명 효과가 있을 것이다.

인강은 2배속 듣기로

속독법이라는 독서기술은 세간에 많이 알려져 있지만, 속청이라 불리는 '배속 듣기'는 아는 사람이 의외로 많지 않다. 책을 많이 읽는 사람은 일반 사람들이 6시간 정도 걸려 읽어내는 책 한 권을 1~2시간 정도면 읽을 수 있다. 듣기에도 이런 기술이 있다. 연습만 하면 2~3배 빨리 듣는 것도 가능하다. 이 기술을 훈련해 놓으면 학생들의 공부 효율을 놀라울 정도로 높일 수 있다. 특히 인강을 많이 듣는 학생이나 자격증을 준비하는 일반인들에게 유용하다.

2배속 듣기 정도만 익혀도 남들이 한 시간 듣는 강의를 30분 만에 끝낼 수 있다. 인강을 많이 듣는 학생이라면 평소 4시간 들어야 할 분량을 2시간 만에 다 들을 수 있다. 놀랍지 않은가? 남들보다 무려 2시간이나 인강 듣는 시간을 줄일 수 있다는 것. 게다가 필자가 경험해 본 가장 큰 장점은 아무리 강의가 길어도 두려운 마음이 들지 않는다는 것이다.

책을 읽는 것과 비교해 보자. 일반 사람들은 600페이지 정도 되는 두꺼운 책을 만나면 그 두꺼운 분량에 겁부터 먹고 읽기를 포기해버린다. 하지만 어느 정도 속독이 가능한 사람들은 페이지 수에 더 이상 겁먹지 않는다. 듣는 것도 마찬가지다. 2시간짜리의 긴 강의를 만나도 1시간 만에 들을 수 있으니, 아무리 긴 강의라도 두려움이 생기지 않는다.

그렇다면 배속 듣기는 어떤 방식으로 훈련할 수 있을까? 배속 듣기도 약간의 기술이 필요하긴 하지만 개략적으로 설명하면 다음과 같다. 배속 듣기도 다른 모든 학습과 마찬가지로 계단식으로 성장한다. 피아노를 배울 때, 영어를 배울 때와 마찬가지로 계단식으로 성장을 한다. 일정 시간 성장을 하다가 어느 순간에는 성장이 멈추는 정체기가 오고, 그 정체기를 뛰어넘으면 또다시 한 단계 성장하는 식이다.

이런 이유로 배속 듣기는 1.2배속, 1.5배속, 1.8배속, 2배속, 2.5배속, 3배속 순으로 듣는 속도를 차근차근 높여가면서 연습하는 것을 추천한다. 하루 1~2시간씩 인강을 듣는 학생 기준으로 1년 정도 꾸준히 훈련을 하면 2배속까지 듣기가 가능하다. 별도의 시간을 들여서 훈련하는 것이 아니라, 평소 인강을 들으면서 속도를 약간 높여 듣는 훈련을 하면 된다.

필자는 현재 3배속 듣기가 가능하다. 이런 상태에서 가끔 2배속으로 인강을 들으면 속도가 느려 답답함을 느낄 정도다.

배속 듣기도 자전거나 수영처럼 한 번 훈련을 완성하고 나면 평생토록 사용할 수 있는 유용한 기술이다. 요즘처럼 유튜브, 팟캐스트 등보고 듣는 것이 주류를 이루는 세상에서 2배속으로 들을 수 있다는건 분명한 경쟁력을 확보하는 것이다. 2배속 듣기는 남들이 활을 들고전쟁터에 나갈 때 총을 가지고 싸우는 것과 같다. 최신 무기를 장착하고 전쟁에 임하니 어디에 가나 자신감이 충만하다.

3년만 고생하면
30년이 편안해진다

3년만 고생하면 30년을 편하게 먹고 살 수 있다. 하루 10시간씩 3년을 노력하면 1만 시간이다. 1만 시간 동안 한가지 일에 몰두한다면 그 분야에서 반드시 성공할 수 있다.

인생의 전환점에 서있는 사람들이 많을 것이다. 창업 준비, 취직 준비, 고시 준비, 인생 2모작 준비 등 세상에는 다양한 분야에서 열심히 공부하는 사람들이 많다. 3년이란 세월이 길게 느껴질지도 모르지만, 인생을 아주 길게 본다면 3년은 그리 길지 않은 시간이다. 더군다나 3년만 고생하면 30년이 보장되니, 지금 3년은 가히 투자할만한 시간이다.

조급해하지 말고, 지금 하고 있는 분야에서 최선을 다하자. 딱 3년 만이다. 1년이나 2년 만에 목표한 바를 이룰 수도 있다. 하지만 더 많이 노력하면 더 큰 성과가 따라온다. 그러니 3년 정도를 자신의 제2의 도약이 시간으로 삼고 노력해보자.

대부분의 사람들은 중도에 포기하는 경우가 많다. 왜냐면 성공이 확실히 보장되어 있지 않기 때문이다. 3년을 공부하는데 만약 안되면 어떡하지라는 생각을 하면서 중도에 포기를 한다. 열심히 1~2년 공을 들여 물을 70~80도까지 데워 놓고선 포기해버린다. 물은 100도까지 이르지 않으면 절대 끓지 않는다. 그러니 중도에 포기하지 말고 마지막까지 달려보자. 포기만 하지 않으면 반드시 목표는 이루어진다. 1~2년 만에 안된다고 포기하지 말고, 3년은 투자해보자. 1만 시간을 투자하면 반드시 한 분야에서 성공을 이룬다고 했다. 3년, 1만 시간의 법칙을 믿고 열심히 실천해보자.

: : 참고 문헌 : :

EBS, 《공부의 왕도》, 예담프렌드, 2010

EBS, 《공부의 왕도 2》, 예담프렌드, 2011

조선일보, "전교 꼴찌 → 司試 18등… 고교 야구선수의 14년 집념", 2017.5.8일자

레이디경향, "야구 열등생에서 사법고시 합격까지… 이종훈이 꼴찌에게 보내는 연서", 2013년 1월호

마크 티글러, 《기적의 뇌 사용법》, 김경섭·최인식 옮김, 김영사, 2016

캐럴 드웩, 《마인드셋》, 김준수 옮김, 스몰빅미디어, 2017

크리스티안 그뤼닝, 《공부가 된다》, 염정용 옮김, 웅진씽크빅, 2009

군터 카르스텐, 《기억력, 공부의 기술을 완성하다》, 장혜경 옮김, 갈매나무, 2013

제갈현열 외, 《최후의 몰입》, 쌤앤파커스, 2018

EBS, 《공부특강》, 비아북, 2016

이상훈, 《1만 시간의 법칙》, 위즈덤하우스, 2010

황농문, 《몰입》, 알에이치코리아, 2007

중앙일보, 〈톡톡에듀〉 "생활 속 기억력 높이는 7가지 방법", 2019. 1. 9

중앙일보, 〈톡톡에듀〉 "현장 교사 2명이 말하는 '불수능' 국어 학습법", 2018. 12. 7

KBS, 《기억력도 스펙이다》, 비전코리아, 2013

이지성, 《18시간 몰입의 법칙》, 맑은소리, 2004

헨리 뢰디거 외, 《어떻게 공부할 것인가》, 김아영 옮김, 와이즈베리, 2014

EBS, 《교실이 달라졌어요 - 자기주도학습편》, 경향미디어, 2014

강성태 외, 《공부의 신》, 중앙m&b, 2007

강성태, 《미쳐야 공부다》, 다산북스, 2015

최인호, 《1등급 공부습관》, 위즈덤하우스, 2018

김미현, 《14세까지 공부하는 뇌를 만들어라》, 메디치미디어, 2017

앤절라 더크워스, 《GRIT》, 김미정 옮김, 비즈니스북스, 2016

김윤환 외, 《KBS 사이언스 대기획 인간탐구, 기억》, KBS미디어, 2011

정찬호, 《공부 동행》, 서해문집, 2015년

이병훈, 《성적이 오른 학생들의 1% 공부 비밀》, 원앤원에듀, 2017

조승연, 《공부 기술》, 더난출판, 2009

김태광, 《공부하는 바보가 세상을 바꾼다》, 티즈맵출판사, 2011

EBS, 《학교란 무엇인가》, 중앙북스, 2011

EBS, 《학교란 무엇인가 2》, 중앙북스, 2011

야노 쇼, 《꿈이 있는 공부는 배신하지 않는다》, 센추리원, 2012

모리 겐지로, 《기적의 집중력》, 정지영 옮김, 비즈니스북스, 2017

청쟈, 《다시 배우는 공부법》, 김새봄 옮김, 시그마북스, 2018

케빈 폴, 《대반전을 위한 17세의 공부법》, 이상영 옮김, 들녘, 2011

드림컨설턴트, 《서울대 멘토링》, 문학동네, 2012

베네딕트 캐리, 《공부의 비밀》, 송정화 옮김, 문학동네, 2016

나가에 세이지, 《내 아이의 공부 머리를 깨우는 두뇌개발 학습법》, 이민영 옮김, 팜파스, 2008

KBS, 《너가 좋은 아이》, 마더북스, 2010

테리 도일, 《뇌과학과 학습혁명》, 강신철 옮김, 돈을새김, 2013년

피터 홀린스, 《배우는 방법을 배워라》, 민지현 옮김, 서래, 2018

딘 버넷, 《엄청나게 똑똑하고 아주 가끔 엉뚱한 뇌이야기》, 임수미 옮김, 미래의창, 2018

중앙일보 공부의 신 프로젝트팀, 《열려라 공부》, 프롬북스, 2011

대니얼 윌링햄, 《왜 학생들은 학교를 좋아하지 않을까》, 문희경 옮김, 도서출판 부키, 2011

이병훈 외, 《이것이 진짜 공부다》, 다산북스, 2013

한재우, 《혼자하는 공부의 정석》, 다산북스, 2015

세바스티안 라이트너, 《공부의 비결》, 안미란 옮김, 들녘, 2005

KBS, 《하루 10분의 기적》, 가디언, 2010

키토 마사토, 《기적의 혼자 공부법》, 반니, 2017

장현갑, 《마음 vs 뇌》, 불광출판사, 2009

와이즈멘토, 《한국의 공부벌레들》, 한국경제신문, 2005

장승수, 《공부가 가장 쉬웠어요》, 김영사, 1996

노태권, 《중졸 아들을 서울대에 합격시킨 공부의 힘》, 21세기북스, 2014

박철범, 《하루라도 공부만 할 수 있다면》, 다산북스, 2009년

이대보, 《게임중독 대보 서울대 가다》, 서울문화사, 2011

EBS, 《기억력의 비밀》, 북폴리오, 2011

마크 티글러, 《기적의 기억 교과서, 유즈클락 기억법》, 박지현 옮김, 김영사, 2016

강성태 & 공신키즈 10인, 《돈 없이 공부하기》, 중앙m&b, 2011

구맹회, 《공부 귀신들》, 다산북스, 2018

심정섭, 《안철수 공부법》, 황금부엉이, 2012

황농문, 《공부하는 힘》, 위즈덤하우스, 2013

로버트 마우어, 《아주 작은 반복의 힘》, 장원철 옮김, 스몰빅미디어, 2016년

김용욱, 《몰입, 이렇게 하라》, 물푸레, 2009년

정철희, 《자기주도학습 만점 공부법》, 행복한 나무, 2009

존 메디나, 《브레인 룰스》, 서영조 옮김, 프런티어, 2017

EBS 공부의달인, "꼴찌소녀 1등을 향해 날다 - 최보희"

EBS 공부의왕도, "최상위권으로 도약하는 전 과목 10회독법 - 이연정"

EBS 공부의왕도, "섬소녀 인터넷 강의 달인되다 - 문가영"

EBS 공부의왕도, "전교300등 서울대 가다 - 원종혁"

EBS 공부의왕도, "1000문장으로 영어를 정복하다 - 최재욱"

EBS 공부의왕도, "꼴지소년, 성적에 날개를 달다 - 노태수"

EBS 다큐프라임, "인지 세계는 냉엄하다"

＊ PART 1에 나오는 학생들의 이야기는 대부분 EBS에서 제작한 학습 다큐멘터리와 책으로
   출간된《공부의 왕도》를 참고해서 재구성한 내용입니다. 여기에 나오는 학생들의 이름은
   모두 가명으로 표기했습니다.

＊ 참고 및 인용 문헌: 자료가 혹시 잘못 표기되거나 누락된 경우가 있을 수 있습니다. 연락을
   기다립니다. E-mail: youngcheolyang@gmail.com

Epilogue

공부법을 배운 사람은 훨씬 더 많은 정보를 기억할 수 있으며, 적은 시간을 공부해도 더 많은 지식을 습득할 수 있게 된다. 최상위권 학생들이 공부를 잘하는 이유가 바로 여기에 있는 것이다. 더 적은 시간을 들여 더 많은 것을 기억하는 효율적인 공부 방법을 적용했기에 가능한 것이다.

공부법은 한번 배워두면 평생 사용이 가능하다. 대학을 마치고 취직하면 공부법이 더 이상 쓸모없을 것 같지만 그렇지 않다. 회사 업무를 효율적으로 처리하는 방법이 곧 공부법에서 시작한다고 봐도 무방하다. 학생 때 공부를 잘했던 사람이 회사 일도 잘하는 이유가 여기에 있는 것이다. 독서할 때도 공부법은 매우 유용하게 사용된다. 필자의 경우 공부법을 몰랐더라면 7,000권이 넘는 방대한 양의 독서를 하고도 읽은 내용의 대부분을 상실했을지도 모른다. 어떻게 읽은 내용을 더 오랫동안 기억하고, 제때 잘 인출해서 활용할 수 있는지를 공부법을 통해서 배웠다. 조선시대 최고의 성군 세종대왕도 '백번 읽고 백

번 익힌다.'는 '백독백습(百讀百習)'의 공부를 실천했다. 공부법의 핵심이 '반복과 익힘'임을 알았던 것이다.

학생들은 호소한다. 학원을 오래 다녀도 나에게 맞는 공부법을 찾지 못하겠다고. 학원은 어찌 보면 스스로 공부법을 배울 수 있는 기회를 박탈하는 곳이다. 강사가 떠먹여주는 방식에만 길들여진 학생들은 결코 공부를 잘할 수 없다. 공부는 스스로 공부하는 방법을 익히고 혼자서 해내는 것이 진짜 공부다. 학원이나 부모의 간섭에만 길들여진 학생들은 공부하는 기쁨을 느끼지도 못할뿐더러 좋은 성적이 나올 수가 없다. 여러분들은 이 책을 통해 익힌 공부법들로 배움의 기쁨을 느끼며 공부를 즐길 수 있는 학생으로 거듭나기를 기대해본다.

끝으로 이 책을 출판하는데 도움을 주신 많은 분들께 진심 어린 감사의 말씀을 올립니다. 이 책이 세상에 빛을 볼 수 있도록 흔쾌히 출간을 허락해주신 투데이북스 이시우 대표님께 먼저 감사의 말씀을 드립니다. 3년 동안 거침없는 독서와 공부에 몰입할 수 있도록 도와주신 전남도립도서관 직원분들에게도 고맙다는 말씀을 드리며, 책마루 회원, 청우회 회원분들에게도 감사의 인사를 드립니다. 어려울 때 제 손을 잡아준 김시철, 장재명, 김대중, 이완, 김득렬, 나기태, 지현동, 차경석, 한동환, 권용덕, 김영민 등 이루 말할 수 없는 많은 분들께도 고맙다는 인사를 드립니다. 언제나 든든한 버팀목이 되어주시고 항상 곁에서 응원해주신 부모님, 장인·장모님, 그리고 사랑하는 아내 정명옥에게 가장 큰 고마움을 전하고 싶습니다. 씩씩하고 훌륭하게 자라준 서준, 서휘, 서현아! 사랑한다.

공부법 바이블
공 부 머 리
공 부 법